お前は私じゃないし、私はお前じゃない

悩みが0になる人間関係術

カマたく

大和書房

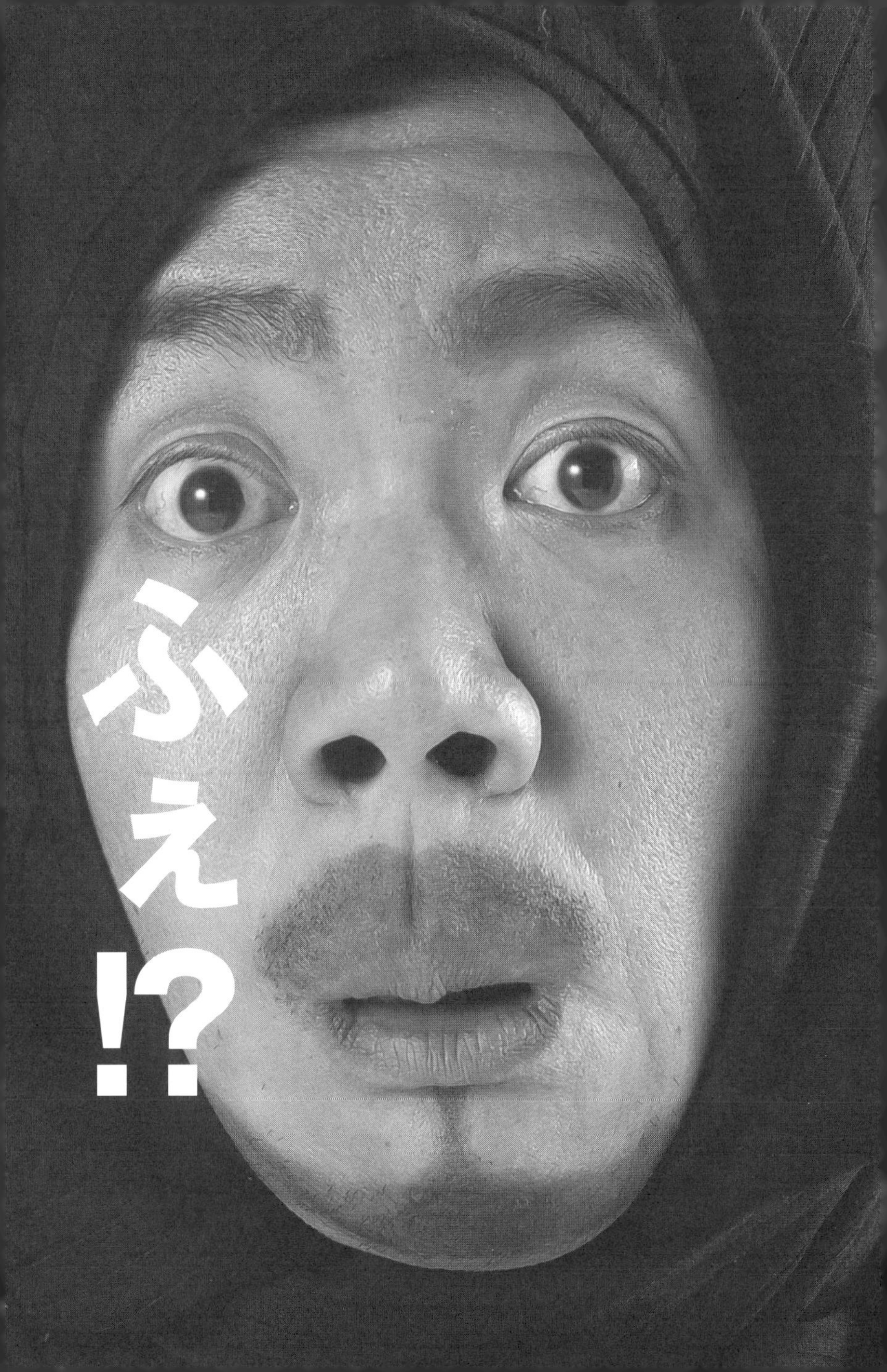
ふえ!?

あれもうまくいかなくて、
これもうまくいかなくて、
嫌いな人もたーくさんいて、
たーくさんの人にいやなことも言われて、
私、すごーーーーーく不幸なんですけど、
どうしたらいいですか?

あの〜…

なんでうまくいく前提で世界を見ているんだろう？

って思うんですよ。私からあなたを見ると。

私はもともと自分にも期待していないから、人にどう思われようが、嫌われようが、失敗しようが「はい、まあ、そうっすよね」としか思わない。

うまくいったら、ラッキ〜！　**イエイ！**

うまくいかなくても、オッケ〜！　**イエイ！**

そういう私を見た人から、「自己肯定感が高くてうらやましい」ってよく言われるんですけど、

いや、おめーのほうがたけーんじゃね？

本当に自己肯定感が低かったら、うまくいく前提で物事を見ないんですよ。

本当に低かったら、「うまくいくわけなくね？」ってなるんです。

だけど、「好かれるはず」って思うから、好かれなかった時に落ち込むんでしょ？
「うまくやれるはず」っていう前提があるから、そうじゃなかった時に「なんで私、うまくやれないの？」って悩むんだよね？

それって……、自己肯定感、超高くね？

あと、悩んでいる人にすごく多いのが、明日にならなきゃわからないことで、今すごく落ち込んでいるパターン。

もう言っちゃった後なのに、「あの時なんで私あんなこと言っちゃったんだろう……。やだやだどうしよう」とか、「怒られたらどうしよう」「笑われたらどうしよう」「嫌われたらどうしよう」とか。

起こるかどうかもわからないことを心配しすぎだし、妄想《もうそう》しすぎだし、考えすぎ。

大丈夫だ、ウンコして寝ろ。

まだ起きてもいないことに悩んじゃうなんて、どんだけヒマなの？ って私は思っちゃうわけ。

それにね、たくさんの悩みを相談されるんだけど、正直本当に解決したくて人に相談している人ってあんまりいないなって思うの。

「今の職場でいじめに遭《あ》っているんです……」って言ってきた人に、

「うん。じゃあ、辞めな」

って言ったら、「いや、でも、次の仕事が見つかっていないし、仕事内容は合っていて○×△☆♯♭●□▲★※……」。

あんた、本気で悩みを解決するつもりないでしょ⁉

みんなね、いろいろ相談してくるけど、いろんな言い訳をして見事に行動しないのよ。だから、私からひとつだけ言いたいのは、

お前の人生だから
お前が決めな。

……って、本文が始まる前に身もふたもないこと言っちゃったけど、でも、そうなのよ。ぶっちゃけ私があなたに何を言おうと、最終的に決めるのは自分。

今回は、出版社さんから「人間関係の悩みについて斬り込んでください」と頼まれたから、まあ、好き勝手言わせてもらいますけど、でも、結局決めるのはあんただからね。

言うには言うけど、最後は知らないわよ。

自分のケツくらい自分で拭きなさ～い。

じゃ、いくわよ～！

カマたく

目次

第2章 いややつは心の罵詈雑言でやり過ごす

第3章

好かれようとすればするほど好かれないっていう不思議

第4章

コミュニケーションの理想が高すぎるんじゃない？

第1章

「私は私、お前はお前」

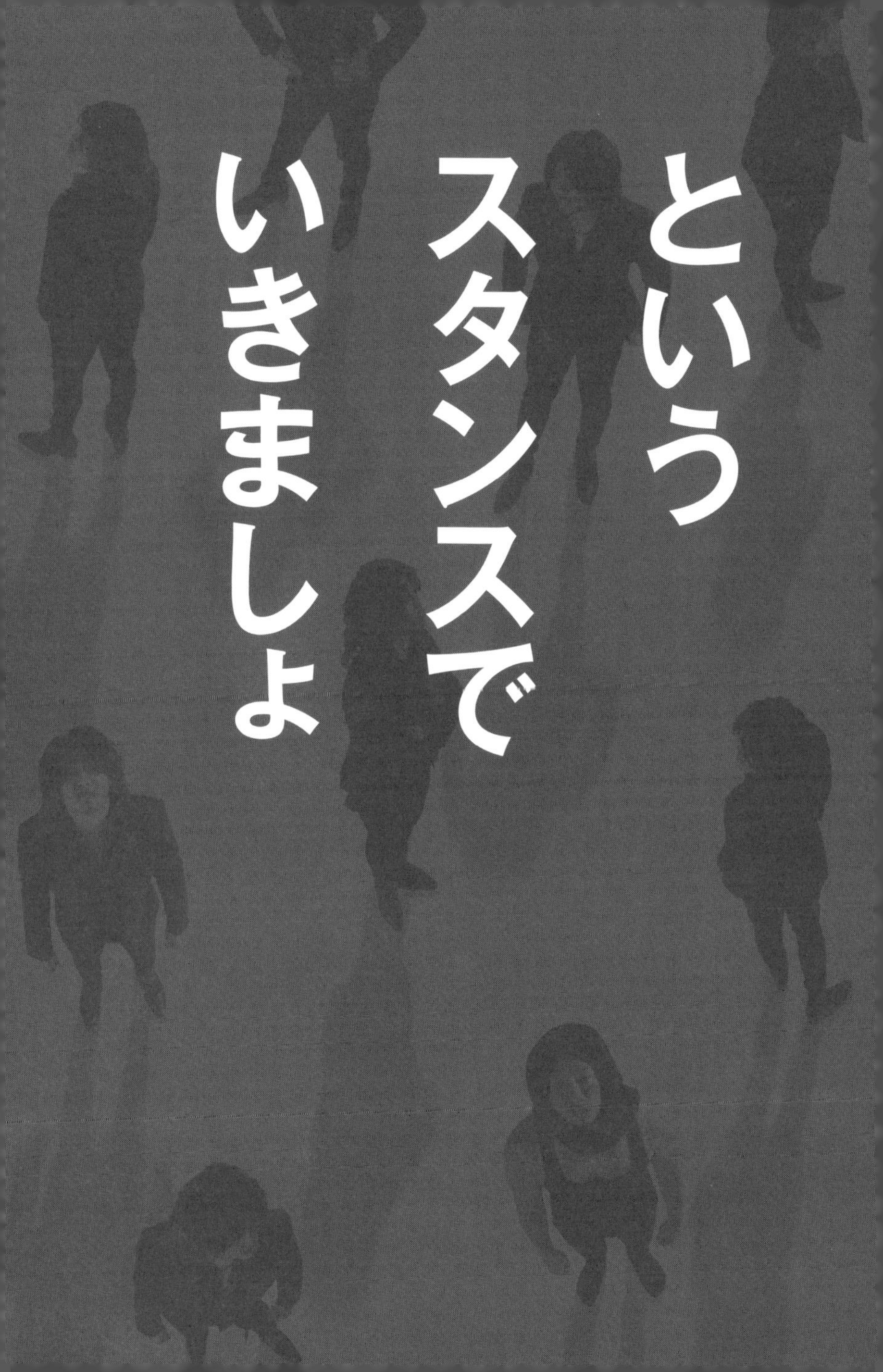

というスタンスでいきましょ

人間関係で悩んだことなんて全然ないわよ。

のっけからこんなこと言うのもなんだけど、私、人間関係の悩みって乗り越えようと思ったこともなければ、そもそも人間関係で悩んだことがないんだよね。たぶん、私が変わっているんだと思う。

ただ、お店に来るお客さんからは悩みを相談されるし、だいたいがみんな人間関係で悩んでいるような気はする。たとえば、

会社の上司がクソなんです

とか

家族仲が悪くて、数年口をきいてません

とか

アホ彼氏に浮気されました

とかいろいろ。

聞いてもだいたい忘れちゃうんだけど(笑)。

人間関係って「他人とどうかかわるか」ってことでしょ。そこがこじれてうまくいかないのなら、

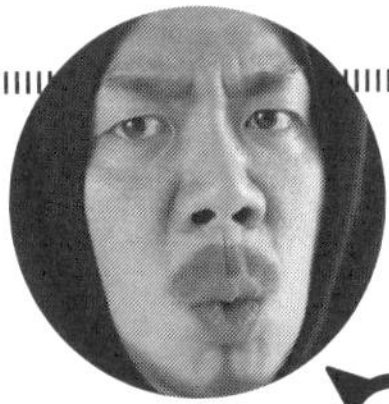

辞めれば？

離れれば？

別れれば？

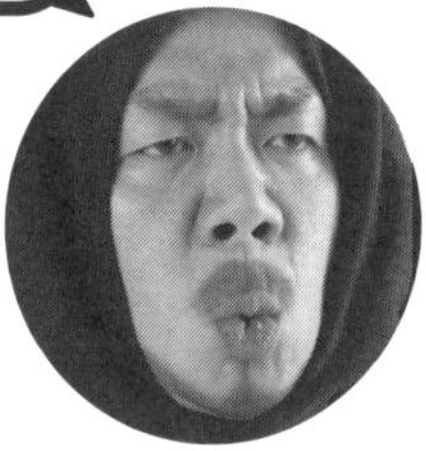

って、4文字で終わらせちゃう（笑）。

仕事でも家族でも彼氏でもなんでも、そんなにいやなら離れればいい。これがベースの考え方なの。

でも、そういうアドバイスをすると、ほとんどの場合、

いや、無理ですよ、そんなの〜

って返ってくる。本気で解決する気がないのよね、たいていは。それならどうぞいつまでもお悩みくださいって話なんだけど。

今まで築いてきた人間関係を壊すこと、できあがったグループから離れることを極端に怖がる人っているけど、私の場合、「あの人じゃなきゃだめ」とか、「ここじゃなくちゃいや」とか全然ないのよね。嫌われても、「あ、私のことが嫌いなのね～」、それだけ。それ以外ない。そもそも居場所自体を求めていないわけ。

だから、「私、友だちのグループからはぶかれていて、居場所がなくてつらいんです」って真剣に悩んでいる人を見ると、不思議（笑）。ママ友とのランチに一緒に行きたくないけど、断るとそのグループに居づらいとかね。いやなんでしょ？なら行かなきゃいいじゃない。多くの人はそれができなくて、「でも、そうはいかない」って悩んでいるのよね。

わざわざ大切な自分の時間を使って、**苦手な人と一緒にいるの、超無駄じゃね？ヒマ人？**

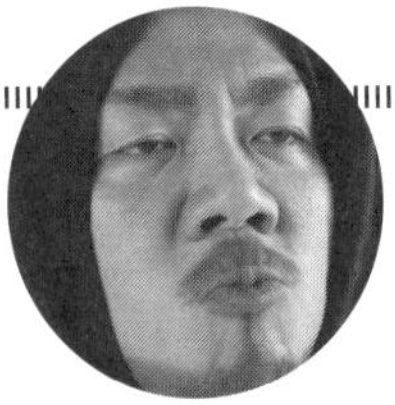

仕事だって同じよ。

パワハラ上司がいる

上司が私を正当に評価してくれない

とかいろいろな悩みがあると思うけど、

そんなにいやなら辞めれば？

それ以外ある？

解決したいなら、今いる場所じゃなきゃいけない理由を探ってみればいい。たぶん、その場所じゃなきゃいけない大層な理由なんてないと思う。

以前、大手企業の飲食店で店長をしていたんだけど、売り上げが悪いと2時間に一回、本部の担当から電話がかかってきて怒鳴り散らされたの。半年ぶりに丸一日休みをもらったら、電話で呼び出されて2時間説教。時給換算したら230円くらいの、ブラック企業を通り越して漆黒《しっこく》企業みたいなところで働いていたんだけどさ。

毎日つらくてつらくて。もうお肌もガッサガサで、乾燥したかかとみたいな顔して働いていて。本部にこの担当がいる限り、私ここでいい仕事なんてできないわと思ってすぐ辞めた。即座に辞めた。

仕事ってさ、**どこで働くかじゃなくて誰と働くか**なのよ。

うまくいかない人間関係の中で「どうしよう、どうしよう」って言いながらも、いろいろな理由をつけてそこから離れられないなら、残念だけど一生そこでウジウジしているしかないわよ。

ウジウジ悩むのがいやなら、自分の考え方か、気持ちを置く場所を変えるしかないの。他人を変えることはできないんだから。

自分に合う場所を見つけて移動する、もしくは自分に合う環境をつくっちゃうとかね。それは大変かもしれないけど、後々のことを考えたら、居心地が悪いのにそこを自分の居場所だと思って悩んでいるより、ワンチャンにかけたほうが楽しくないですかー？

人間関係の悩みなんて、
そのほとんどが
無駄な妄想よ。

人間関係の悩みは「相手に問題がある」と思いがちだけど、実際には自分に問題がある可能性だって大きいわけ。

たとえば、**あの人に嫌われているかも……**とか**思ったことや意見がなかなか言えない**っていう悩みもよくあるんだけど、でも、よくよく考えてみて。

「あの人」に「嫌い」って言われたの？　「あなたの言葉に傷ついた」って言われた？　「不快！」って言われた？　それって全部、あなたの勝手な妄想じゃない？

もうちょっと踏み込んで言うと、むしろ、「嫌い」って思っているのは自分のほうだったりしない？　「不快」に思っているのは自分じゃない？

相手のことなんて考えたってわかるわけないの。妄想でしかないの。でも、自分の気持ちならわかるでしょ。「あー、私この人嫌いだわ」とか、「さりげなくマウントをとってくるから不快」とか。そういう感情を抱いていることは「妄想」ではなくて「事実」なんだから、相手に対してそう思っちゃうなら、その人とは距離を置けば解決。かかわらなければ問題ない。相手の問題じゃないの、自分の問題。

結構みんな、相手のせいにしがちだけど、**自分で面倒なことにしてる**ってことに気づいたほうがいいと思う。

自己肯定感って
高めないと
だめなの？

私……、すごく自己肯定感が低いんですが、どうしたら高くなるんでしょうか？

って人がたまにいるんだけど、「私の自己肯定感はどうやったら高まるんだろう……」って真剣に考えちゃっている時点で一生上がらないと思うよ。模索《もさく》すればするほど下がる一方よ。

自己肯定感!?　何それ!　みんな知ってる?　初耳なんですけどー

って人のほうが自己肯定感が高い人が多いと思う。だいたい、本当に自己肯定感が高い人って、「私、自己肯定感が高いんです」なんて言わないからね。

私は私ですけど……何か？

って、言ってみれば開き直りに近い人ばかり。

開き直れた人は最強よ。

一般的には、自己肯定感が高い人っていうのは、「ありのままの自分自身を、かけがえのない存在として肯定できる感覚を持っている人のこと」を言うんだって。よく知らないけど。

でも、「私はかけがえのない人間なんですー」って主張して歩いている人、見たことある？　いたら気持ち悪いよね？　本当に自己肯定感が高い人っていうのは、それすらも考えたことがない人で、「自分は自分、人は人」ってきちんと分けて考えられる人のことだと思うの。

なんかいやなことを言われたり、されたりしても、「そういう人もいるんだ。私は違うけどね」って。最強でしょ？

何が問題って、「自己肯定感」という概念が表れてから、

…私は…、自己肯定感が……、本当に低いんです……

っていう謎に卑《ひ》屈《くつ》になる人が増えたこと。

「自己肯定感が低いこと」を悪とする概念が本当に邪魔。

「自己肯定感が低い」＝「自信のなさ」ってことなんだろうけど、言葉を変えれば「控えめ」ってことでしょ。いいじゃない、控えめな人。みんなが自己主張の塊《かたまり》だったら、この世の中大騒ぎよ！

自己主張が強くて、時に人を引っ張っていく人もいて、控えめで静観する人もいる。この両方がいるからバランスがとれて世の中が回っているの。

いろんな人がいるからいいの。

自分は自分でいいの。

「自己肯定感が低くてどうしよう……」とか、「自己肯定感が高くてうらやましい」とか考えないのが一番よ。

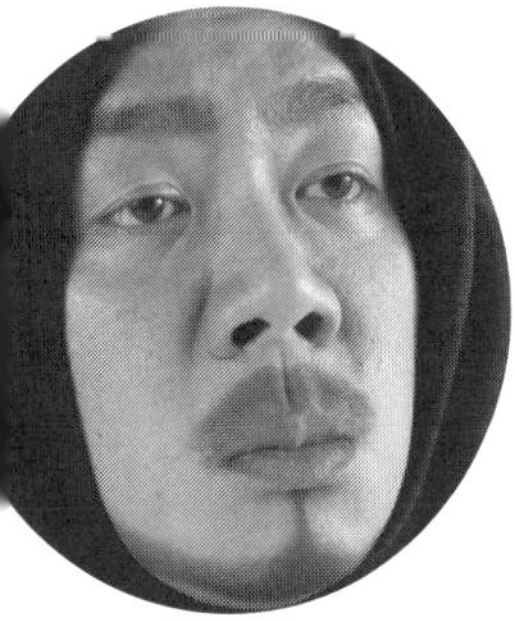

その精神です、必要なのは。

私は、
悪口は言うけど、
押しつけない。

私、悪口は本人の前で言っちゃう。
だから、陰口じゃなくなっちゃう（笑）。

やらなかったお前が悪くない？って、直接言っちゃう。

こないだも、初対面の人に**膝みたいな顔だね**って言っちゃった。

その後、めっちゃ仲良くなったけど（笑）。

「悪口言う人ってどうかと思う」って言う人がいるんだけど、でも、私クソだからさ、言っちゃうのよ。止められないの〜。人に話すと盛り上がって楽しくなっちゃうしね。

でもね、悪口を言う私でも気をつけていることはある。

すっごい言うのよ、悪口は。

でも、「Aさんのことを嫌い」なのはあくまで私であって、「Aさんのことをみんなも嫌いになって〜」とは絶対思わないし、言わないし、それでAさんのことを嫌いになるようなやつには、私はAさんの悪口を言わない。

たまにいるでしょ？

あなたが仲良くしているあの人、すっごく性格悪いから、
絶対仲良くしないほうがいいよ

って忠告してくる人。

あんな人と仲良くしている神経がわからないんだけど

とか言ってくる人。

いない？

自分が嫌いなあの人と仲良くしているなんて気に入らない、だからお前も仲良くすべきではない、みたいに押しつけてくるあれ、なんなの？

本当に意味がわからない。

私が仲良くしたい人をお前が決めるな、ってなる（笑）。

お前が〝ゴミ〟と思っているかもしれない人を、私は〝ゴミ〟と思っていないので、押しつけないでって。

お前はそいつから何かされて不快な思いをしたのかもしれないけど、私は今のところ何もされていないし、不快な思いもしていないので、大丈夫です！　ってなる。

自分が嫌いな人とかかわっている人に、それを押しつけるのは絶対違う。

言いたいことがあるなら、本人に言う。

陰で言うなら笑い話にする。

もしくは、かかわらなきゃいい。

それだけよ。

気が合う・合わないは初対面でわかるわよ。

「はじめまして」の人と自分が合うかどうかって、私、会った瞬間にだいたいわかるのよ。

お客さんなら、お店のドアを開けて入ってきた瞬間にわかっちゃう。この人は信頼できる人か、感覚が合う人か。もしくはその逆か。

言葉で説明するのは難しいんだけど、簡単に言うなら「直感」。

「あー、この人、人生15回目だなー」みたいな、相手の人間の深さがわかる「直感」。

それが後になって、「あの人って、いい人だと思っていたけどそうでもなかった」と覆《くつがえ》ることってほぼなくて、人間力が高いだろうなと思った人はずっと高い。

だから、私は初対面の〝パッと見〟で、その後の人間関係が決まる。

初めて会う人のドアを開ける所作《しょさ》、第一声、目の動き。

目が合わない人とは、気も合わない。

話す内容なんて二の次よ。

面白いことが話せないんです……

って言う人がいるんだけど、人間関係を築くのに面白さとかいらないの。人としての礼儀ができていることが最重要。

私、３歳の頃から父親からＤＶを受けていて、生ゴミと一緒に袋に入れられてポリバケツの中にポンッて入れられた記憶があるの。すごくない？（笑）

その後もいろいろあったんだけど、その父親がドアを閉める時とか、グラスを置く時とか、いちいち物音を立てる人だったからか、そういう大きな音に嫌悪感を抱いたり、狭い空間が苦手だったりするの。ある意味トラウマになっているんだろうね。その反動なのか、自分はこういうふうにしないようにしようと思って、所作にはすごく気を遣ってる。

母もしつけには厳しくて、時間や約束は厳守、物の扱い方や礼儀にも厳格だったの。親戚が多くて自宅によく集まっていたから、お茶の出し方とか畳の上の歩き方とか、目上の人に対する態度とかもよく注意されていて。そういうのが影響しているのかも。

案外、私、常識人なのよ♡

マナーが
悪い人のことを、
私、腐ったハエだと
思ってる♡

人間関係も
大掃除が必要よ。

私、人間関係にまったく執着がなくて、誘って断られたら**はーい**。**飲みにいこー**と言われて、行きたければ**はーい**、気持ちがのらなかったり、予定が合わなければ**行かないでーす**。

ひとりで旅行にいくのも平気だし、そこに友だちがいても平気。

自分に友だちが何人いるのかなんて数えたことは一度もないけど、そんなに多いほうじゃないと思う、この性格だし（笑）。無駄に付き合うのが苦手なんだよね。

まだ着るかもしれない洋服、使うかもしれない物などを捨てずに残しておいても、場所だけとってごちゃごちゃするだけでしょ？　実際には8割くらいは使わず、結局捨てる。捨てたらすっきりした経験はみんなもあると思うんだけど、人間関係もそんな感じだと思うの。

知り合った人、みーんな友だちなんてありえない。自分の心も体もひとつしかないんだから、すべてに応えるのは無理。物理的にもそうだし、気の合わない人、苦手な人だっているんだからメンタル的にも無理。

私なんて、「あーこの人とは気が合わない、ゴミだわ」って思ったらすぐにポイッて捨てちゃうわ。

ハエに説教しても、話が通じなくない？

初対面で距離感を間違ってすごく近づいてくる人いるでしょ？

やだ、カマたくじゃーん！　元気〜？

え……、ってか……、どなた？

って言ってきた人に、

私、誰とでも仲良くなれるのー

私はあなたとは仲良くなれないけどね

って言ったことあるわ（笑）。

友だちが多いことをアピールしてくる人もいるけど、そういう人ってＩＱが低いんじゃないかと思うの。「友だち」の水準が低いから、浅く広い付き合いをしているだけなのよ。そんなの２年くらいで終了するわよ、学校卒業したら即音信不通……みたいな。

「たくさん友だちがいる私」がステータスになっている人っているけど、友だちの数を増やすために、嫌いな人とも仲良くしているの無駄じゃね？

私は、自分にとっていやな人を「ゴミ」とか「ハエ」って思ってる。

ここで、私が嫌いなタイプの人ベスト5、言っちゃうわよ。

①アドバイスをしたら全部否定してくるやつ

「相談したい」って言うから話をよくよく聞いてあげて、自分なりにアドバイスをしたら、「でも〜」「だって〜」「そんなことできないし〜」のオンパレード。だったら相談してくるんじゃねーよ。

②「悪口言うの、よくないよ」って言うやつ

一理ある。そりゃそう、よくないよ。でも、悪口と下ネタが一番盛り上がるの〜。わかってるの、悪口はよくない。でもね、「悪口を言う人ってどうかと思う」って言うお前も悪口言ってるよ〜！

③自分がなさすぎるやつ

たとえばA子ちゃんが「私、B子ちゃんのこと嫌いなのよね」って言うと、なぜ

かC子ちゃんまでB子ちゃんのことを嫌いになっちゃう人。「お前は、そいつに何かされたんか?」って思う（笑）。なんで連動して嫌いになった?

④有名人と仲良しなことをアピールしてくるやつ

有名人と仲が良かろうと、それはその有名人の魅力であって、お前の魅力じゃねえ。

⑤「友だちだよね?」って確認してくるやつ

言葉で確認すること? しかも、友だちでもなんでもないやつから言われる率、高くね?

でもね、「ゴミ」にどんだけ「お前のこういうところがだめだからやめたほうがいいよ」と言ったところで、ゴミはゴミ、ハエはハエ。ハエを取っ捕まえてコンコンと説教したところで話が通じますか? って話。

だから、基本はかかわらない。

ゴミをわざわざ拾い集めることもしないの。

「相談したい」と言いながら
「愚《ぐ》痴《ち》」を言ってるだけよ、
それ。

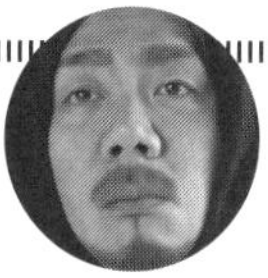

お店で働いていると、結構お悩み相談を受けるんだけどさ、私だって「うん、うん」って聞くのよ。恋愛相談とか、それこそ人間関係の悩みとか、いろいろね。

こっちも、それなりにアドバイスをしようと思って、

で、あんたはどうしたいの？

って聞くわけ。

そうすると、

どうしたい……とは？

とキョトン顔。

悩みっていうのはさ、「どうしたい」というのがゴールにあって、でも今、そうなれていないから発生しているわけでしょ？　だからその「どうしたい」の部分を聞いているんだけど、ないのよ。答えられない。

それって、たとえば、「けいこちゃんが駅まで5キロ歩きました」って言っているのと同じことなのよ。「え？　え？　だから？」ってなるでしょ。

速度を求めたいのか、到着する時間が聞きたいのか、どうしたいの？　って。

「私、悩んでいるんです」って状況説明だけをしてくるお客さんはたくさんいらっ

しゃるんですけど、ゴールが見えていらっしゃらない。

そうなると、こっちとしては**知らねーわ**ってなるわけよ。**知らない人の、知らない人との知らない問題なんて知らねーわ**って。

現状をこうしたいとか、この人との関係をこうしたいとか、あなたが理想とするゴールがなければ、改善するための答えなんて一生出てきません。

人に相談する時も、自分で考える時も、自分がどうしたいのかを決めないまま悩んでいたら、悩んでいる状況がただただ続くだけです。そういう人はずーっと現状で悩んでいてください。

何もかもを得ることは人生では不可能なので、何かを諦《あきら》めることにはなるんです。何もせずに、何も諦めずに現状の悩みを解決することはできないんだから、「で、どうしたいの？」ってところから逆引きするしかないでしょ？

なのに「どうしたい」がない人がほんと多い。

それなら、「悩みを聞いて」なんて言わないで、「愚痴を聞いて」と言ってちょうだい！

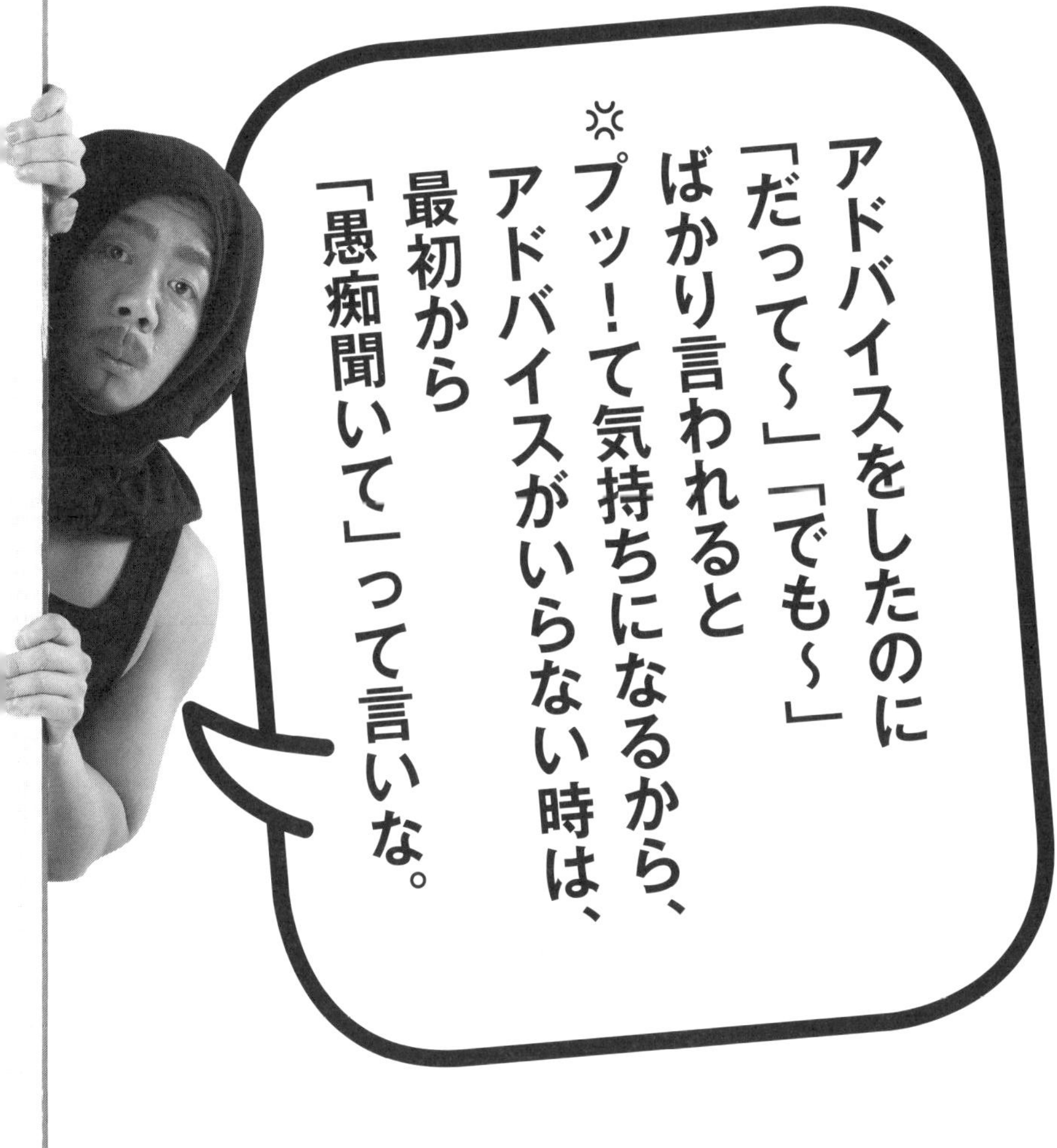
アドバイスをしたのに
「だって〜」「でも〜」
ばかり言われると
プッ！て気持ちになるから、
アドバイスがいらない時は、
最初から
「愚痴聞いて」って言いな。

「私は私です！」という生き方を教えたのは母。

そもそも私が「自分は自分」って思えるようになったのは、母の影響だと思う。親戚がたくさんいて付き合いも多かったから、子どもの頃から大人の中で育ったの。前も言ったけど、母は礼儀を重んじていて、靴のそろえ方とか、畳のへりを踏まない歩き方とか、お茶の出し方とか、いろいろ教えてもらった。

もうひとつ、母が私に教えたことは、**「自分は自分、よそはよそ」**というスタンス。幼稚園の頃、「●●ちゃん家《ち》は、新しいおもちゃを買ってもらったんだって～。いいなあ～」とか言うと、「よそは知らん！」。

常に「お前はどうしたいのか」と問い続けてくれた母がいたから、小さい頃から、「人は人。私はどうしたいのか」という視点でずっと生きてきたような気がする。

小学校に上がる前から文字が書ける、掛け算ができる、英語が話せるといった教育熱心さも大切かもしれないけど、生きるスタンスみたいなものも知っておかないと、大人になってずっと「ゴールのない悩み」をぐるぐるすることになっちゃう。

私はこうです。以上と言えたら、それはよそにとって正解でも不正解でも関係ない。私は私の思いに従うだけだからラクなのよ。

「私は主役よ〜、
そこどきなさ〜い」って
堂々としていれば
いいのよ。

悩んでいる子って、ある意味やさしすぎるし、考えすぎるし、周りの目を気にしすぎるのよね。こうならなきゃいけないとか、何かのために生きなきゃとかそんなことばっかり。でもね、それが悪いわけじゃないんだけど、それによって生きづらさを感じるのなら、なんとかしなくちゃいけないのよね。

もっと自己中心的でいいのになーって、私は思っちゃう。

いつも他人に判断基準を置いているからつらいのよ。だってそれって自分ではコントロール不能なところじゃない？　どんなに頑張っても他人に認められない場合もあるし、さほど頑張っていなくても、他人が評価してくれることもある。そこに自分の基準を置いていたら疲弊《ひへい》するばかり。だから自己中でいいって思うの。

自己中という言葉だけを聞くと、わがままを通そうとしたり、平気で割り込んできたり、自分の過《あやま》ちを認めなかったりと全然いいイメージがないかもしれないけど、それは「自己中」ではなく「自分勝手」。

私の考える「自己中」は、自分はどう生きるか、どう生きたいかを優先すると同時に、自分の言ったことに責任を持って自分を認めること。つまり、**自分の人生の**

中では自分が主人公ということ。

あの人がこんなことを言ってくる

この人にこんなふうに見られている

こんな評価されている

と他人の目ばっかり気にしてしまうなら、あなたの人生なのに、あなたが主役じゃなくて、他人が主役になっちゃっているのよ。それ、おかしくない？

一方で、主役だけではあなたの人生は成り立たないの。「準主役」は親友、「名脇役」は友だち、「観客」はあなたを応援してくれる人、「エキストラ」はその他大勢の人、どれもいなくちゃ困るの。自分に害を与えてくる人は、そうね、言ってみれば映画館や劇場に落ちている「ゴミ」かしら。

でも、自分の人生では自分が主役であるのと同時に、自分もまた、別の誰かの人生のエキストラだったり観客だったりするわけよ。これがワンセット。

誰かと親しい関係になりたいと思うことは、その誰かの人生でのエキストラからスタートして、他の誰かから名脇役や準主役の座を奪うこと。オーディションによってそのポジションは変わっていくわけ。

自分がオーディション開催側になって生きるのと同時に、オーディションを受けている側でもある。ただ、本当のオーディションと違って難しいのは、別の誰かがどんな物語にしたいのかがわからないし、なんならオーディションを通る枠の数もわからない。だから、エキストラから名脇役や準主役になるのはとっても難しいの。合格しなかったら、つまりその誰かにとって必要がなかったら、「縁がなかったな」って思うしかないのよ。オーディションて、ほとんどの場合、落ちた理由なんて教えてくれないんだから。

それでも、「私が一番輝いています」「準主役は私です！」と、食い下がろうとするやつがいるかもね。それこそ、「自己中」ではなく「自分勝手」。

どんな人でも人生は舞台なのよ。くよくよしている時間などない。舞台に邪魔なものを排除しながら主人公になればいいのよ。

自分を信じて貫《つらぬ》きましょ。

私がＳＮＳを始めて、だんだんと登録者数も増えてきて、メディアにも呼ばれるようになると、根本は変わらなくても、変わらなきゃいけない部分も出てくるわけですよ。そうすると、

あ、そうなっちゃうんだ

偉そうですね～

調子のってるんですねー

とかすごい言われるようになったの。

調子にものれないような人生を送っている人に何も言われたくないんですけど、私は。調子にのることをバカにしているけど、お前は調子にすらのれていないってことだろ、何も言われたくないわ、ボケ！　と思っているんだけど♡

人は、多かれ少なかれ変わらないといけない部分はあると思うんです。

でも、変化するたびに、どうせ何か言われるんですよ。

たとえば、マクドナルドのハンバーガーって昔すごい安かったけど、値段が上がったり、サイズが小さくなったり、味が変わったり、ちょっとずつちょっとずつ変わっていくじゃん。その変わった瞬間ってめっちゃ言われるの。

ハンバーガー、ずいぶん小さくなりましたねとか、

このサイズでその値段はぼったくりですか?とか。でも、慣れてしまったら、「まあ、こんなものか」ってなるわけですよ。

『ドラえもん』の声優さんも、そうだったじゃん。一気に声優陣が変わった時、**なんだよ、イメージと違うんだよ** **元の声に戻せよ**とか散々な言われようだったわけですよ。

でも、もう「私たちはこれでやります！」って何年も何年も何年も続けた結果、私たちにとって『ドラえもん』の声優陣たちの声って普通になったじゃん。

なぜ、周りが慣れてくるかっていったら、**貫くから**だよね。

貫きをずっと続けたことによって、周りが慣れてきて、「じゃあ、まあ、それでいっか」ってなっていく。

バカにするやつがいたとしても、自分を否定するやつがいたとしても、自分を貫いて、自分は自分で信じるしかないと思うの。

そんな1日や2日で、周りの気持ちを変えられるわけないんだから、「私はこれでいきます！」って貫くだけなんだと思う。

でも、貫いていたら、
私みたいな変なのに
なっちゃうこともあるから、
お気をつけあそばせ。

今ある幸せが
わからない人は
一生不幸のままです。

常にみんな、幸せ探しをしているじゃない？　**幸せになりた〜い**　ってよく言っている人がいるけど、どこにあんの、その幸せ。

私だって、こんなだからさ、**あー、めんどくせ**　**あー、やる気出ねえ**　ってなっているのよ。でも、だからって不幸なわけじゃないし、幸せよ。

テニスをしている時も、シャインマスカットを食べている時も、友だちと会ってくだらない話をしている時も、まあまあ幸せ。「私、とっても幸せです！♡」なんて言わないけど、「今幸せ？」と聞かれたら「まあ、うん」とは答えるわね。

でも、いつも「幸せになりた〜い」って言っている人って、結婚をしても、子どもを授かっても、やりたかった仕事に就《つ》けても、「私、ついに幸せになれました！」ってなれる人は少ない気がする。「もっともっと幸せがあるはずよ〜」って、今幸せである状況を認めないの。一生やってなさ〜い。

本当に幸せな人は、どの状況下でも幸せよ。お金ないけど楽しい、結婚していないけどひとりの時間が楽しい、そう思える人が、いろんな状況でも幸せになれる。

目標を持って高みを目指すことはいいことだと思うけど、理想とするところにたどり着いても、まだ幸せに思えない人は一生幸せになれないと思うわ。

レゴブロック程度の
ちっちぇープライドなんて
とっとと捨てちゃいな。

年上だからとか、先輩だからとか、頭よく見られたいからとかどーでもいいプライドが邪魔をして、人間関係を面倒にしている人、案外いると思うの。

「周りからバカだと思われたくない」という感じ？

私、**そんなことも知らねーの？** って言われたら、

全然知らなーい。教えて教えてー って言っちゃう。

仕事でできないことがあると、相手が後輩だろうと新人だろうと、

あ、ごめん私バカだからできない。教えて。なんならやっておいて～ って（笑）。

自分のほうが先輩や年上だからって「知らないことが恥ずかしい」「できないことがかっこ悪い」という前提があると、自分を下げることができないんだよね。

でも、相手もバカじゃないから、「コイツ、超知ったかぶりしてるじゃん」ってバレちゃってんの。そっちのほうがかっこ悪い。

先輩だから、年上だからって偉いわけでもなんでもないんだから、正直に「わかりません」「できません」って言っちゃったほうがラクじゃない？ そのほうが、物事がスムーズに進むことが多い。

どうでもいいレゴブロック程度の小さなプライドはとっとと捨てて、「困ってまーす」「誰か助けてー！」って言っちゃったほうが、いろいろとスムーズよ。

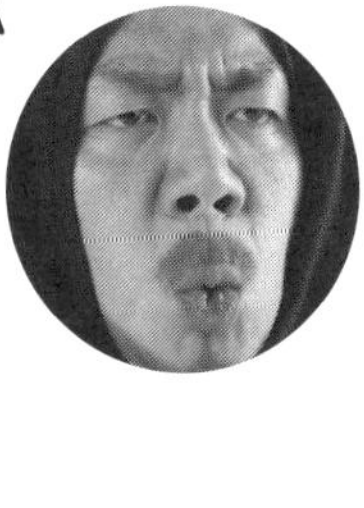

「感情」と「現実」を分けて考えるスキルは最強よ。

自分の感情をうまく扱えない人って、恋愛でも、友だち同士でも、仕事でも悩んでいる人が多いなという印象がない？　いやなことがあると、瞬間湯沸かし器状態でカーッとなって、相手を「なんでなんでなんでなんでなんで⁉」って攻めまくる。そりゃ相手だっていい気はしないよね。あおられて「うるさーい！」って、そりゃなると思うの。で、関係は決裂。

そんなこと誰でも想像がつくのに、自分が当事者だと話は別。

私の場合、他人への関心度が激しく低いんだと思うけど、たとえば、相手に裏切られた時ですら、「はい」って感じなの（笑）。

浮気されて別れ話になった時。

普通だったら、

なんで浮気したのっ⁉

誰と？　いつから？　どういう関係なのっ⁉

ってなるでしょ？　だいたいこんな感じで相手を責めると思うの。

私のことはもう好きじゃないってことでいいよね！

でも、私は、相手が浮気をしたら、

了解。じゃあ、さよならー

って終わる。終わっちゃう（笑）。

だってさ、恋愛ってひとりじゃできないでしょ？　相手がいてできることだから、その人が私より好きな人ができて浮気しちゃったっていうなら、仕方ないじゃん。「感情」と「現実」は別なの。自分は相手のことを好きだという「感情」と、相手は浮気相手のことが好きになってしまったという「現実」を共存させるのは無駄なのよ、無駄。

ただし、相手がもし「ほんの出来心だったから許してほしい」って言ってきたら考えるかな。私、男を見る目がないからたぶん許しちゃう（笑）。

「感情」と「現実」を共存させるっていうのは、たとえて言ったら、違う競技を一緒にやるようなものなのよ。

考えてみて。相撲《すもう》とフェンシングで戦ったらどうなると思う？　決着つかないでしょ？　ルールも理念も考え方もまったく違う別の競技よ。勝負にすらならない。それって戦う意味、ないでしょ。そう考えると簡単。

じゃあ、私が相手を好きという感情はどうなるかっていうと、とりあえず1日くらいは落ち込むわよ、私だって人間なんだから。でも1日経つと「あーあ、仕方ないか」という気持ちになる。寂しいという感情ではなく、「終わったな」「疲れたな」という現実だけ。だってどんなに面白い映画でも、終わったら終わりでしょ？それと同じ。「いいお話だったな」という余韻《よいん》が多少あるという程度。

感情の処理が案外早いのかもしれないわね。でもこれだけは言える、感情と現実を一緒に考えてうまくいくことはひとつもない。

「眠い」から「眠い」、
「帰りたい」から「帰る」。
思ったことを
言う人が強いの。

私の周りの女の子たちって、すごい振り切ってる子が多いの。清々《すがすが》しいくらい振り切ってる。

一緒に飲んでいても、「あーもう眠い！　帰るわ」。

颯爽《さっそう》と帰っていくから、こっちもラク。「あの子、気を遣わなくて大丈夫よ、自分で眠くなったら帰る子だから」って。

でも、結構いるじゃない？　飲んでいても、

とっても眠いけど、帰った後に私の悪口が始まっちゃったらどうしよう

帰った後に面白い話があるかもしれない

私だけ帰ったら、ヒンシュク買うかな

ってウジウジウジウジして、結局、テーブルのはじっこでウトウトしている子とか。

とっとと帰りやがれ。

自分がしたいことを言う、思ったことを言う人って、気持ちがいいと思わない？

そういう裏表のない人って本当に幸せそう。一見「わがまま」に見えるかもしれないけど、人に気を遣わせない才能を持ち合わせている人って、良い意味で他人の目を気にしない、最強の人よね。

ファンもアンチも、私にとってはどっちも一緒。

「私、あなたのこと好き！」って言われると、まあ、基本的にはうれしいものよね。

私も、たまーに「カマたくさんのファンなんです！」って言われるんだけど、一方で「俺、お前のことが大嫌い」って人もいるわけよ。面と向かって言われることも多くて。でも、私の反応はだいたいどっちも一緒。

好きなんです!! って言われても、**へー、変わってるね**。

大っ嫌い!! って言われても、**へー、そうなんだねー**。

自分のことを好きか、嫌いかって、私が決めることじゃなくて相手が決めることでしょ。だから、「好きです」と言われても、「嫌いです」と言われても、ただの感想を言われているだけとしか思わない。

「嫌い」と言われて傷つくのは、「私は世の中の人に好かれるはずなのに」という前提があるからでしょ？　それってすごい自信よね（笑）。

性格がいい・悪い、やさしい・やさしくない、なんて何の定義もないでしょ。同じことをしたって「やさしい」と感じる人もいれば、そうでない人もいる。その定義が合う相手が相性がいいっていうだけ。だから、誰かにとって性格が悪いと思う人でも、他の誰かはそうは思わない。

なのに、この世のすべての人から好かれようなんて図々しいにもほどがあるのよ。

レスポンスなんて
求めていないのよ。

私、相手にレスポンスとか、共感とか、まったく求めないの。

だから、ＳＮＳのコメントとか全然見ていないし、見ても忘れちゃう。

たまに**あのXでの話、面白かったです〜！**とか言われても、

そうなんだねー

カマたくさんの言っていること間違っていると思います

とか言われても、**そうなんだねー**。

全然一喜一憂《いっきいちゆう》できないのよ。「私はこう思っています、以上！」というスタンスで投稿しているから、それがどんな反応でも全然気にならない。

というか、この機にここで言っておくけどさ、私の人生観なんて「私はこうだよ」っていう話をしているだけであって、それがみんなに当てはまりますよなんて1ミリも思っていないから、私の言葉を参考にしないで。何も学ばないで、お願い（笑）。

レスポンスはまったく求めない私でも、最低限の挨拶《あいさつ》だけはすべきだと思ってる。挨拶は礼儀でしょ。だから、「おはよう」には「おはよう」って返すのがコミュニケーションの礼儀。前の職場で、新年の初顔合わせで「あけましておめでとうございます」と言ったら、ガン無視されたの。だから、どんどん近づいていって、3回くらい言ってやったらようやく返ってきたわ。**耳、遠いの？**

第2章
いやなやつは心の

罵《ば》詈《り》雑《ぞう》言《ごん》でやり過ごす

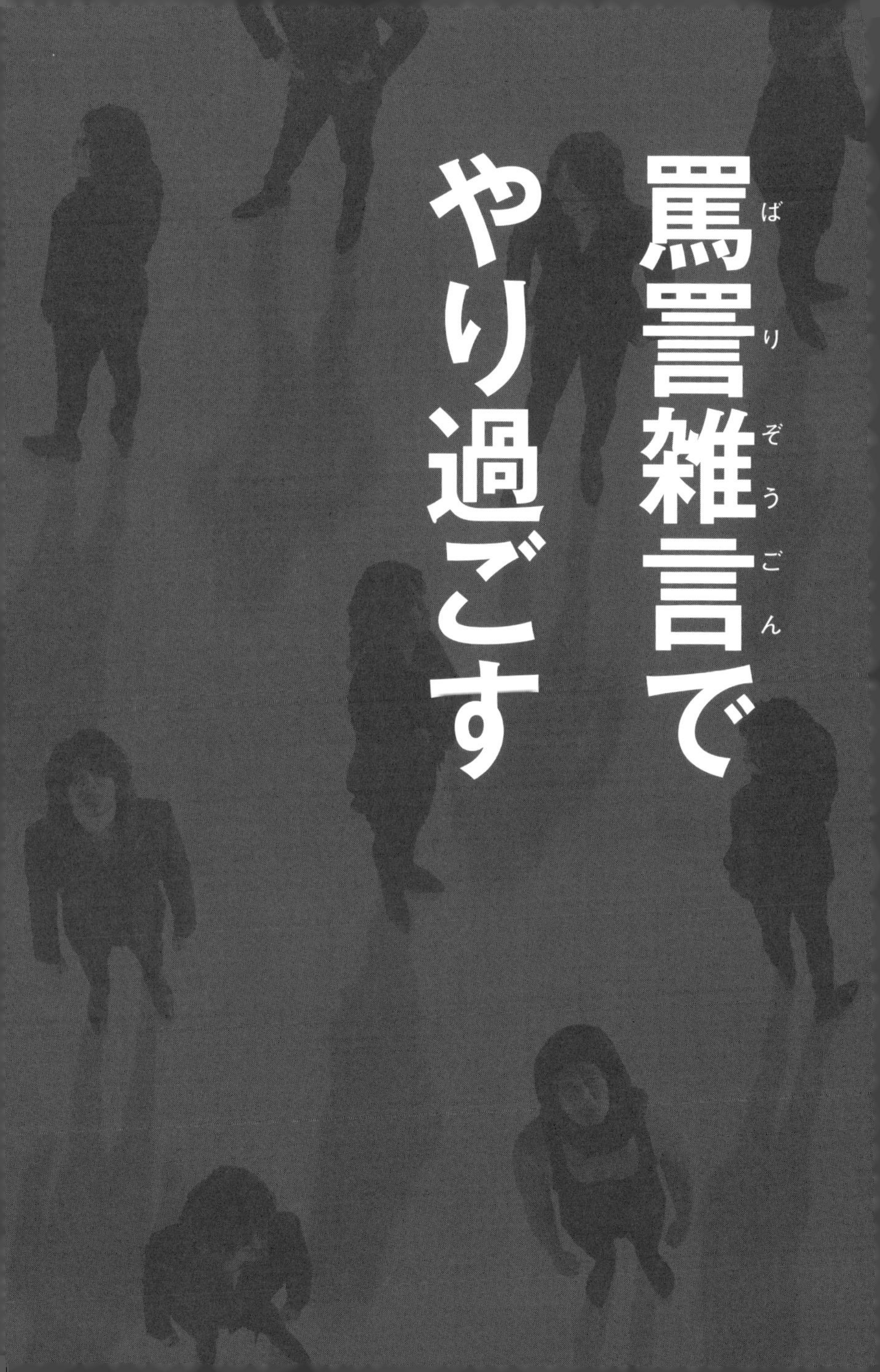

食うため、
生活のためなら、
ゴミやハエとも
踊るわよ。

私、いやなやつのことを〝ゴミ〟とか〝ハエ〟とか言っちゃうんだけど、ゴミひとつ捨てたからって、ハエを一匹叩いたからって意味なくて、どんどん湧いてくるのよ。だからどんなにあなたが頑張ってもなくなりはしないわよ。

闘うだけ無駄なの。

プライベートだったら、かかわらないようにする。ハエを取っ捕まえて「お前はさー」なんて向き合うのは本当に無駄だから。

ただ、仕事となるとそうはいかない。

仕事の場合は、**「目的は何か」**を考えるの。

仕事は、上司や同僚と仲良くすることが目的じゃなくて、仕事を円滑《えんかつ》に進めることが目的。そこが明確になると、仕事をスムーズにするために必要なことは言えるし、そのために仲良くする必要があるなら、私は全然仲良くする。

もちろん、こっちも人間だからムカつく気持ちはあるし、相手だってそれは同様。だけど、仕事に感情は持ち込まない。

「これやっておいてくださ～い、こっちは私がやりま～す」って、気持ちよく相手にも働いてもらう。

うちみたいな接客するような商売であれば、どんなに仲が悪いスタッフだったと

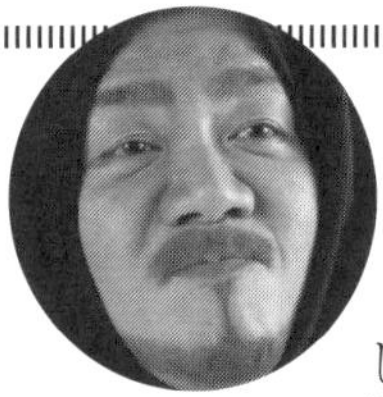

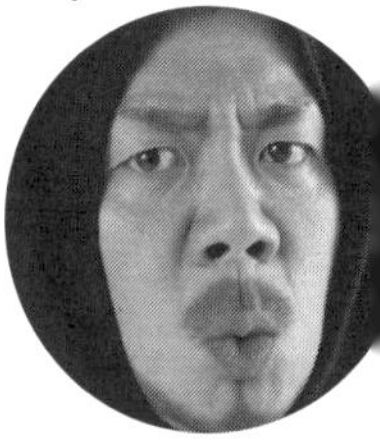

しても、ってなる。スタッフ同士の不仲はお客さんには関係ないんだから、感情は置いておいて、必要なことを淡々とやるだけ。
お客さんが帰ってスタッフだけになったら、シーン……みたいな（笑）。

過去にはいやがらせを受けたこともあったけど、「今やらなければいけない現実」と「私のことが嫌いっていう感情」が混在している人を相手にしても無意味。そんな前頭葉が異空間にテレポートしちゃっているやつを相手に本気で怒っても、こっちが疲れるだけ。とにかく仕事上必要なこと以外はやりとりしない。それ以上の関係を持たない。

仕事は遊びじゃないのよ。

食うため、生活のため、生きるため。

そのためには売り上げを立てること。従業員と仲が悪くて空気が悪くなり、お客さんが来なくなっちゃったら売り上げゼロだからね。

もちろん、仕事をするうえで仲が良いに越したことはないけど、仲良くしなくちゃいけないルールはないから。

ただひたすら自分がやるべきことはやる。そしてどれだけ嫌いでも「おはようございます」「お疲れさまです」「ありがとうございます」という挨拶は欠かさず、社会人としての最低限の礼儀は貫く。それができれば、好きでも嫌いでも関係ないじゃん。

ゴミもハエも無害よ。

ゴミにも、ハエにも感情を持っていかれちゃだめ。

労力も時間も無駄になるから。

絶対に相手と闘わない、言い合わない、陰口の応戦をしない。

これが職場での、苦手な人との付き合い方の鉄則よ。

同じ土俵に
立ったら負け。
闘わずして
勝てばいいの。

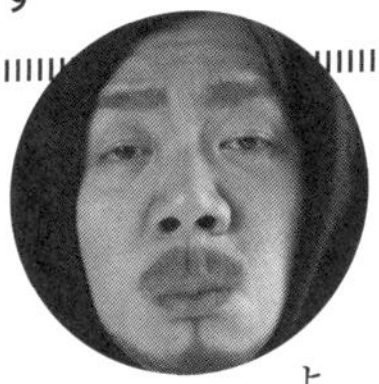

私が中学生の時、私の教科書を燃やされたり、イスでぶん殴られたり、かなりいじめられたことがあったの。それを母親に話したら、

「ぶたれたからってぶち返したら、いじめたやつと同じ試合に参加したことになるよ。同じレベルになるけど。そんな低俗《ていぞく》な人間になりたい？」

って問われて、

なりたくないです

って答えていました。

苦手なやつ、嫌いなやつに対して絶対にやってはいけないのが同じ土俵に上がること。

「あいつが無視してきたから私も無視した」「陰口を叩かれたから言い返してやった」って同じことをしたら、一気に同じレベルになるんだよ。いやじゃない？ いやだと思っているやつと同じことをしたら、自分から見ても自分はいやなやつになる。

ちなみに、私はいじめっ子から「お前、邪魔なんだよ」「学校に来るんじゃねーよ」って言われたから、

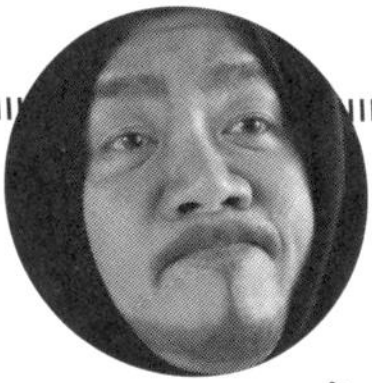

いやなら行ってやろう♪

と思って、毎朝7時に誰よりも早く学校に行ってた（笑）。ある意味いやがらせ♡

仕事でもプライベートでも言えるんだけど、自分より長《た》けている人、自分より「こいつはすごい！」と思う人を周りにたくさん置いたほうがいいと思うよ。

いやなやつといると、自分もそいつの空気に引っ張られる。

朱に交われば赤くなる。

「類は友を呼ぶ」と言うけど、私は**友になれば類になる**と思って生きてる。

ゴミやハエとの関係はさっさと切る。

自分の部屋にゴミがあったらゴミ箱にポイッて捨てるでしょ。

それと同じことよ。

私の顔を見るだけで
ストレスを感じるって、
私って、生きているだけで
いやがらせができる
ってことでしょ？
ずっと生きるね♡

ハエは自分の背中に
ウンコをつけていることを
知らないのよね。

ハエが面倒で厄介《やっかい》なのは、その周りにもハエがいっぱいいるから。なんでなのかわかる？　それは**ハエがウンコにたかっている**からなのよ。

ＳＮＳで炎上する人って、対処が下手なのよ。下手だからアンチコメントがどんどんくる。それがウンコにハエがたかってくる現象と同じなの。

殺虫剤をパッと撒《ま》いて一気に鎮《しず》めればいいのに、ウンコを置きにいくからどんどん増えるわけ。

ハエは常にウンコを探す生き物なんだけど、ウンコがなければたかるのを諦める。それで炎上もおさまるわけよ。

もっと言うと、ハエは自分がハエだという意識もなければ、自分の背中にウンコがついていることも知らない。でもどんどん周りにハエが増えていく。ハエがハエを呼んじゃっているの。

そんなハエたちに悩んでいる自分ってアホっぽいでしょ？「アラスカにハエが湧きました」って聞いても、「ふ〜ん、関係ないし、興味もないわ」って感じでしょ？だから、ハエに何を言われても、「ふんッ！　ハエが！」って思っていればいいの。

虫に対して
ぶちギレてるやつ、
ヤバいでしょ？

アンチの存在に一生悩んでいる人いるけどさ、アンチって「虫」なのね。

道歩いていたら、たまにでしゃばりな虫が、眼球を目がけて突撃してくることがあるじゃない？　コバエみたいなやつが。

結構痛くて「はあっ⁉💢」ってなるし、イラッともするし、チッて舌打ちもするんだけど、でも、その虫を捕まえてきて、

「あなたの悪いところはそういうところで、絶対直したほうがいいと思います！」

とか言わないでしょ？

虫にぶちギレてるやつ、はたから見たらヤベーから。

私は虫に対していちいち言うことがない。

だから、大丈夫。なぜなら虫だから。

やつらは虫だから。

大群は気持ち悪いけど、所詮《しょせん》虫だから。

殺虫剤撒いとこ。

マウントをとってくるやつは、
上げて上げて上げきってから
叩き落とす。

たまーにだけど、お堅いニュース番組に呼ばれたりすると、難しい専門用語とか横文字とかを使って解説する人がいるんだけど、私チンプンカンプン！

「ソリューションを提供するのが〜」「レギュレーションがなんちゃら〜」とか、何言っているのかほんとわからないの（笑）。

何かの呪文を唱えていらっしゃるの？

そういう時はもう正直に言っちゃう。「難しくて全然わかんなーい」「何言ってるのかまったくわからなーい」って。

たまにマウントをとられることもあって、

えー、そんなことも知らないの？

私、こんなことまで知ってるよ！

私ってこんなにすごいよ！

って次々浴びせてくる人もいる。そんなやつには、

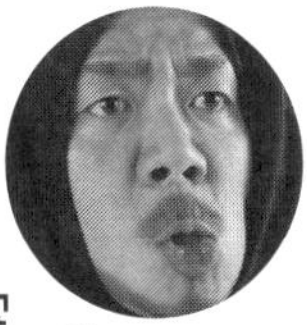

えーーーーー♡すごーい

そんなことまで知ってるのーー？♡

それからそれからーー？

さすがさすがーー!!

って合いの手を入れて調子にのせまくってから、最後に、

「満足ですか？」

これで二度とマウントをとられなくなります。

粗品のタオルみたいなぺらっぺらな人生しか送っていないやつは無視よ、無視。

人の職業をバカにする人もハエ。

どこかの大企業の社長だろうが、飲食業だろうが、風俗業だろうが、芸能界だろうが、みんな一生懸命仕事して生きているわけですよ。

もちろん仕事によって収入に違いはあるけどね。

どんな仕事だって、大変なことも苦労もたくさんあるし、ストレスもある。

でもさ、人の仕事を知りもせず、経験もしたことがないのに、

えー、なんでそんな仕事をしているの？ とか

その仕事で食べていけるの？ 転職したら？ って言うやつ、マジでハエ。

職業で自分より劣《おと》っているって決めつけて、自分の仕事のほうが立派だと思っている思考が稚拙《ちせつ》で低能。

あんたの仕事、ラクでいいよね って言うやつもゴミ。

仕事にラクなんてないし、ラクかどうかは、お前じゃなくて私が決めるから**黙ってもらっていい？**

役職や肩書きは、
偉いかどうかじゃなくて
単なる役割。

社長や部長、課長、係長とかいろいろな役職があるけど、肩書きって「偉い人」と「偉くない人」を区別するためのものじゃないと思うんだよね。組織の中のひとつの役割なんですよ、役職というのは。

飲食店の場合、店長とその他のスタッフやバイトの子がいるけど、店長の役割はスタッフを教育して、統率《とうそつ》をして店を回していくこと。スタッフは店長の指示に従って協力して仕事をするという役割。

店長が指導・統率をするのは、偉いからではなく、役割なのよ。もちろん役職がつけばそのぶん、責任や負担は大きくなるわけだから給料や待遇に差が出るけどね。役職がついた＝偉くなったと勘違いしていらっしゃる方がいるけど、**何かの手違いで、こいつの奥歯あたりでカメムシが噴射しないかな**って思っている私っていじわるかしら。

役割がなくなったら、組織の中でやっていることすべてをひとりで同じスピードで同じ負担でできる？　できないでしょ。その役職がどれだけすごいのか知らないけど、その組織というテリトリーから一歩出たら肩書きなんてなんの効力もないの。

肩書きにあぐらをかいてるやつ、便器の水で頭を冷やしてみてはどうでしょうか。

正義を押しつけてくるやつ、お前は私じゃありません！

人の悪口って言っちゃだめなんだよ〜！

両親のことは大切にしなきゃいけないんだよ〜！

ネガティブなことは言わないほうがいいんだよ〜！

って言ってくるやつ。一回耳をかっぽじって聞いてもらっていい？

お前は私じゃねえ！

しかも、兄弟でもなければ、親戚でもないし。マジで誰なん？

両親を大切にすることが悪いって言いたいわけじゃなくて、大切にしたい人はすればいいし、それはお前の価値観な！　大切にしたいと思うかどうかは人の勝手だしな。

それよりも、両親を大切に思えるような家庭環境で育ったことに感謝しろって思う。誰もがそういう環境で育ったわけじゃないからね。

私だってそうよ。父親から虐待《ぎゃくたい》を受けたり、売春までさせられたんだから。それで大切にしろって言われてもできる？

でも母親はとっても大切です。

感謝はされるものであって、させるものではなくない？

うちの店って、全国あちこちからお客さんが来てくれるのよ。本当にありがたいって思っているし、心からそう言いたい。

でもね、中には私の顔を見るなり、

私、わざわざ大阪から来たんです！ って言う人がいるの。

ん？　わざわざ？

そういうのって、話の流れでこっちから

どこから来たのー？ って聞いて、**大阪**、

大阪から来てくれたの？　ありがとう！ ってなるやつじゃん？

「わざわざ大阪から来るほどあなたのことが好き」って言いたい気持ちもわかるのよ。もしかしたら有休をとってくれたのかもしれない。無理やり時間をつくって来たのかもしれない、仕事を早く切り上げて来てくれたのかもしれない。そこまでして会いにきてくれたこと自体は「ありがとう」なのに、開口一番に言われると「わざわざ会いにきてあげたわよ。『ありがとう』って言って」って聞こえるの。

感謝はさせられるんじゃなくて、こっちからさせてほしいのよ。

前にね、お店に来てくれた子がしつこく何回も

●●県からわざわざ来たのに、全然カマたくさんとお話できなくてつまんなーい

って言うから、私、頭きちゃって

誰かこの人呼んだ？　呼んだ人～!?

って言っちゃったわよ。

店内シーン……。

あなたのこと呼んだ人、いないよ

って言ったら、場が凍ったわ。北極かと思った。

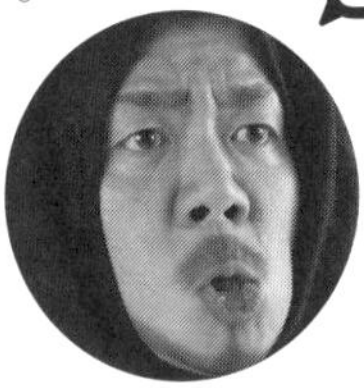

これって私には、

お土産を買ってきてあげたよ、喜んで！

プレゼントを持ってきてあげたよ、ありがとうは？

って言われているのと同じ感じなの。

「ありがとう」って相手に要求するものじゃなく、その人がしてくれたことに対して自然と芽生える感情だと思うの。だから、感謝は素直にさせてほしいのよ。

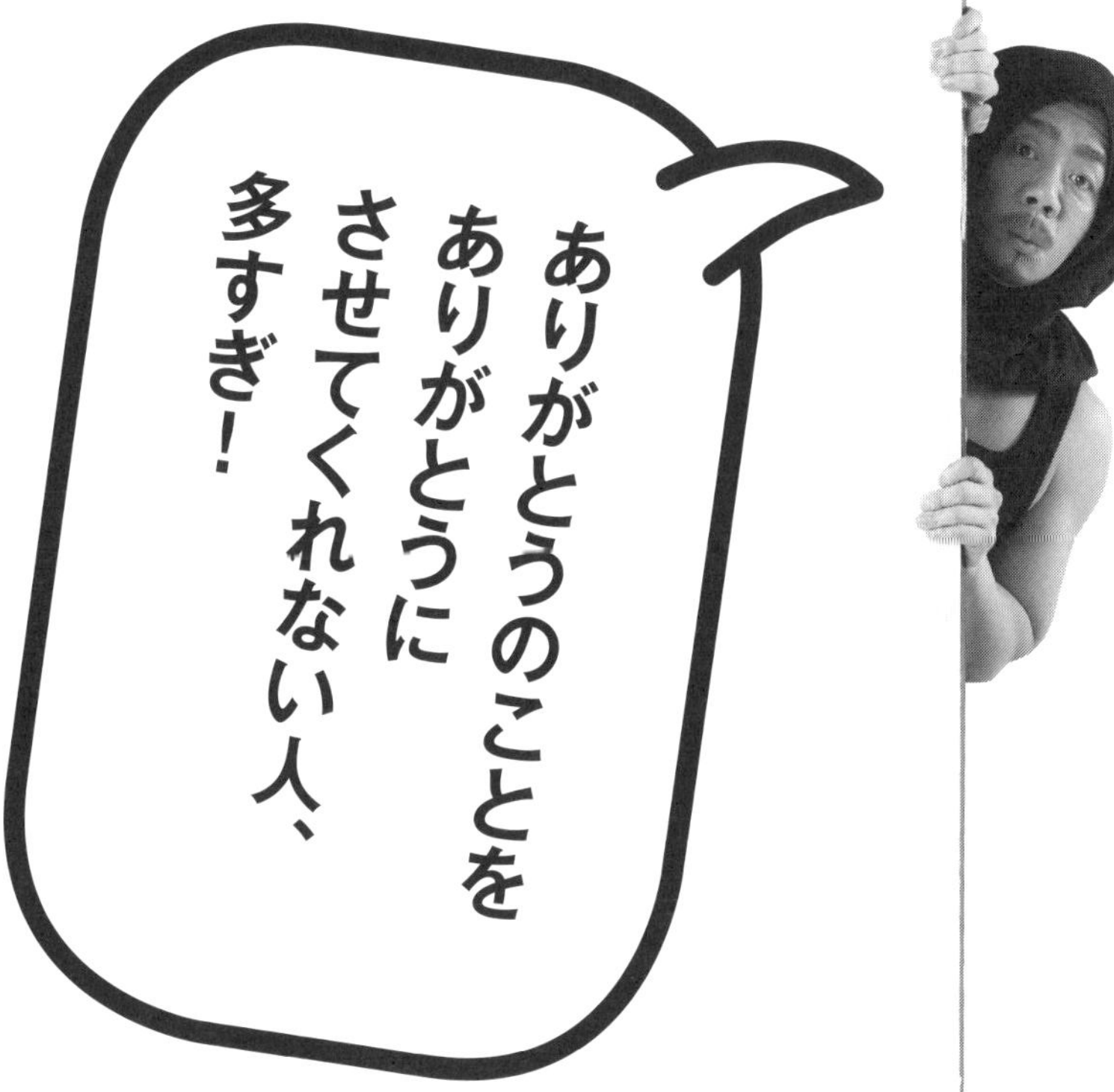
ありがとうのことを
ありがとうに
させてくれない人、
多すぎ！

「空気が読めない」のと、「空気を読まない」のは大きな違いよ！

TPOをわきまえないで発言しちゃう人、距離感を間違える人、ひと言余計な人、失礼な発言をしちゃう間が悪い人とか、いるじゃない？

そういう人たちのことをひとくくりにして言うと、「空気が読めない人たち」って言うんだろうね。

この「空気を読む力」っていうのは、「人や場所をきちんと見極める観察眼を磨く」ってことだと思うの。ただこれは、できない人にいくら注意したところで、できるようになるものではないから、凍った場に耐えて、時が経つのを待つに限る。

一方で、まったく空気を読んでいないのに、なぜか周りから好かれる人もいるの。

実際は空気をまったく読んでいないわけではなく、むしろその逆で完璧に空気を読める人の高度なテクニック。重たい空気の中、その空気に合った「空気を読んでいないひと言」を言えちゃう人。空気を読まないのではなく、空気を読まないという選択肢がある人。

初対面でもぎりぎり失礼にならないラインの2歩手前あたりを攻めて、それを起爆剤に場を変えられる人は人気者になれるし、その場にいたら「マジ神！」って思うけど、「俺でもいけるかも」と賭けに出るとヤケドするからマジで気をつけて。

ちくりとした嫌味には、

「え？　それどういう意味？」

って深掘りしちゃう。

わー、そのバッグかわいい♡　けど、みんな持ってるやつ～

って、その最後のひと言、言う必要あった？

資料作っておいてくれてありがとう～♡　助かった！
でも……、デザインが私好みじゃな～い

って、え、空耳？

その最後のひと言、いる？　ってことを言われた時は、もちろんスルーするのが一番なんだけど、聞き捨てならない時に相手にダメージをくらわす返答は、

え、それどういう意味？

これです。相手はついついひと言言わずにはいられず、ちょっぴり悪意もあるから、説明するのって分《ぶ》が悪くて黙っちゃう。

イラッとしたら、私、わざと深掘りして困らせちゃう（笑）。

他人の迷惑を考えられない人は脳みそがアリンコ並みなんですか？

1月の寒い日にバスに乗っていたら、幼稚園児が「窓開けて！　窓開けて！」って母親にせがんでいたの。そしたらお母さんが「いいわよ～」って窓を全開にしたとたん、私の顔面が爆風を浴び、髪の毛がボッサボサ！　重力がどっちかわからなくなるくらい髪の毛が逆立っている私を見て、そのお母さん、

風が気持ちいいわね～

あなたはバカの世界記録保持者ですか？

人の迷惑になることを想像できないジャワ原人か何かですか？

結構いらっしゃるんです。公共交通機関で人の迷惑を顧《かえり》みない方。

新幹線に乗った時にも、私が床に置いたバッグからスマホの充電器を出そうと少しかかんだ姿勢になった瞬間、前の座席に座った人が後ろも確認せずにリクライニングシートをぐっと倒したから、私の首がぐーん！　ってなってめちゃくちゃ痛かった。

お前の首もぐーんってしてやろうか？

ウソを
つかなきゃいけない
状況をつくるな。

ここまで散々いろんなゴミやハエの話をしてきたけど、「一番嫌いな人はどんな人？」って聞かれていつも真っ先に答えるのが「ウソをつく人」。

子どもの頃から母親に**「ウソをつかなきゃいけない状況をつくるな」**って言われてきたからかもしれないけど、どんなに仲の良い友だちでもウソをつかれたことがわかったら、信用を一気に失ってしまう。

たったひとつウソをつくと、つじつまを合わせるために、どんどんウソが増えていって、自分がどんなウソをついたのかもわからなくなっちゃう人もいる。

私、恋愛では、ウソをついて浮気したり、私のお財布からお金を盗んじゃうようなだめな男とばかり付き合ってきたんだけど、そこで「ごめん、浮気しちゃった」「ごめん、お金盗んじゃった」って、ウソをつかずに正直に謝ってくれたら許せるの。明らかな証拠もあるのに、「浮気してないよ」「お金盗んでないよ」と必死にウソをつき通そうとしている姿を見ると、一気に冷める。

息を吐くようにウソをつく人は、ゴミ以下です。

その陰口全部
聞こえちゃってるんですけど。
聞こえないところで
言っていただくか、
直接言ってもらっても
いいですか〜？

私が悪口を言っちゃうタイプなのはすでにお伝え済みなんですけど、私の場合は、本人に直接言っちゃうのよ。

でも、明らかに「え……、私のことを何かコソコソ言ってるよね？」っていう場に遭遇《そうぐう》しちゃったらモヤモヤする気持ちはわかる。

わざと聞こえるようにコソコソ陰口を言うやつもいるじゃん。私は全然知らんぷりしちゃうし、どうでもいいんだけど、気に食わないな～と思ったら、

ねえねえ、何言ってたのー？

今言ってたじゃん

ってか、いつも言ってるよねー？

って言っちゃう、私（笑）。

場が凍りついても全然平気。

あ、凍ってる、凍ってる♡ってなる。

すべる？　すべってく？　トークもすべってく～？

そうしたら、もう完全に私には聞こえないところで言うようになるじゃん？

聞こえないところで何かを言われるぶんには全然いいので、これで終了。

多様性を否定する人を
否定しているってことが
多様性じゃなくなってね？

最近、「多様性」という言葉が社会で叫ばれるようになって、私も何かとそういう番組に呼ばれることが増えたんだけど。

「多様性を認めるべきです！」とか、「多様性を否定するなんて、人にあらず！」みたいな意見も聞くじゃない？　まあ、当事者であろう私からしてみたら……、

どうでもいいんだが。

多様性に固執《こしつ》しすぎて多様性じゃなくなっている人が多いんだよね。

先日たまたまXで見かけたんだけど、

「私、ゲイの人が苦手なんだよねー」とつぶやいている人がいて。それを見て、私は「そっかあ」としか思わなかったの。でもコメント欄が荒れてる荒れてる。

今の世の中、多様性が大切なので、
そんなひどいことを言うのはよくないと思います！
あなたの思想はとても危険で暴力的だということに気づいてください！

ほぇ!?

多様性が大切だと言うならば、「ゲイが苦手」という自分とは異なる考え方や、

やや差別的な考え方とかも含めて、ある程度は許容すべきだと思うんだよね、私は。

「あんたはゲイが苦手なんだね」「私は好きだけどね」というポップな考えでいいのでは？

まあ、個人的には「ゲイの人たち」が苦手というよりは、「（たまたまゲイだった）その人」が苦手だったということでいいんじゃないかなあ、そうであってほしいなあとは思うけども。

でも、嫌いなものは嫌いだし、苦手なものは苦手でよいのでは、って思う。

多様性という言葉を利用して自分の価値観を押しつけるのが本当に多様性か？と思うんです。

「私はこれが正しいと思うんだから、あなたもそうだよね？　私の考えが認められないの？　こんなに多様性が叫ばれているのに？」みたいな人。

バカか、おめーは。

多様性という言葉を利用して、自分の考えを押しつけるのが本当の多様性ですかね？

いろんな人がいるんだから、自分に合わない人を排除したり、疎外《そがい》したり、法的に傷つけたり、暴力や理不尽《りふじん》な行動をしたりすることが問題なんだと私は思いますけどね。まあ、あなたが思わなくてもいいんですけども。

自分とは違う考えの人を好きになるとか嫌いになるとかじゃなく、「そういう考えもあるよね～。でも私はこっちのほうがいいと思うけどね～」っていうのが、ポップでハッピーな感じでいいんじゃないですかね。

ちなみに、「差別はだめです！」と声高《こわだか》に言う人も同じだと思います。「差別」が脳みそにこびりついているから「差別」という言葉が出てきちゃう。差別を考えない人は、「差別」なんて言葉は出てこない。

「私は差別をしない寛大な人間なんです。差別をする人は信じられません！」って叫んでいる人こそ差別に固執しちゃってる感じがしちゃうんだよね、私は。

「自分はどうありたいのか」
があれば、
悩みなんて
すぐに解決よ。

ここ何年か、筋トレとテニスにハマっているの。

すると、**何、目指しているんですか**ってよく聞かれるわけ。

え……、何も目指してはいませんけど。

筋トレは歳をとってからも健康でいたいから続けているし、テニスはもともと観るのが好きだったから始めたら楽しかった、そんな程度。

こんな体になりたいとか全然ない。あえて言うなら、こういう体はいやだなっていうのがあって、そこは気をつけようと思ってる。

私の場合、何に関しても同じことで、今の仕事を何年続けて、何年経ったら辞めて、いずれ「私はこうなりたい！」っていうのがあるわけじゃないの。楽しいし、向いているからやっている、ただそれだけ。

ただ、**「自分はこうありたい」**っていうのはある。

ウソは絶対につかない、人間関係ならゴミみたいに常識のないやつとは付き合わない、相手の感情に振り回されず現実を見る、人におべんちゃらを使うような付き合いはしない、とかね。

自分はどうしたいのかっていうのが割としっかりあって、自分で自分を認めている。それは、人生経験を経る中でそうしようと思ったわけではなくて、子どもの頃から「自分はどうしたいのか」を常に考えてきたからなんだと思うの。

私は、基本的には人に相談なんてしない。

人に相談して解決するとは思えないから。

自分がこうしたいというのがあれば、それに向かって行動するだけだから。

私がこういう話をすると、

私も特にやりたいことがないんです。一緒です～

って言う人がいるんだけど、え、たぶん全然一緒じゃない。

なんでもいいよ。あなたの言うとおりでいいよ

というのが協調性だと思っている人がたまにいるんだけど、それ全然違いますから。

そういう人って「自分はこうありたい」というのがないから、自分の意見にすら自信が持てなかったり、否定されるとすぐに発言を取り消したり、「どうしたい？」と聞かれると「なんでもいいよ」と答えてしまう。

「どうしたい？」って聞いた相手はあんたの考えを聞きたいのに、「なんでもいい」と答えられたら「どうでもいい」と言われているのと一緒。


悩んでいる人に「で、あんたはどうしたいの？」って聞くと、「え～……、私どうしたいんだろう～」って言う人。

まず、**「どうありたいのか」「どうしたいのか」を決めてから出直してきてもらっていい？**

第3章

好かれようとすればするほど

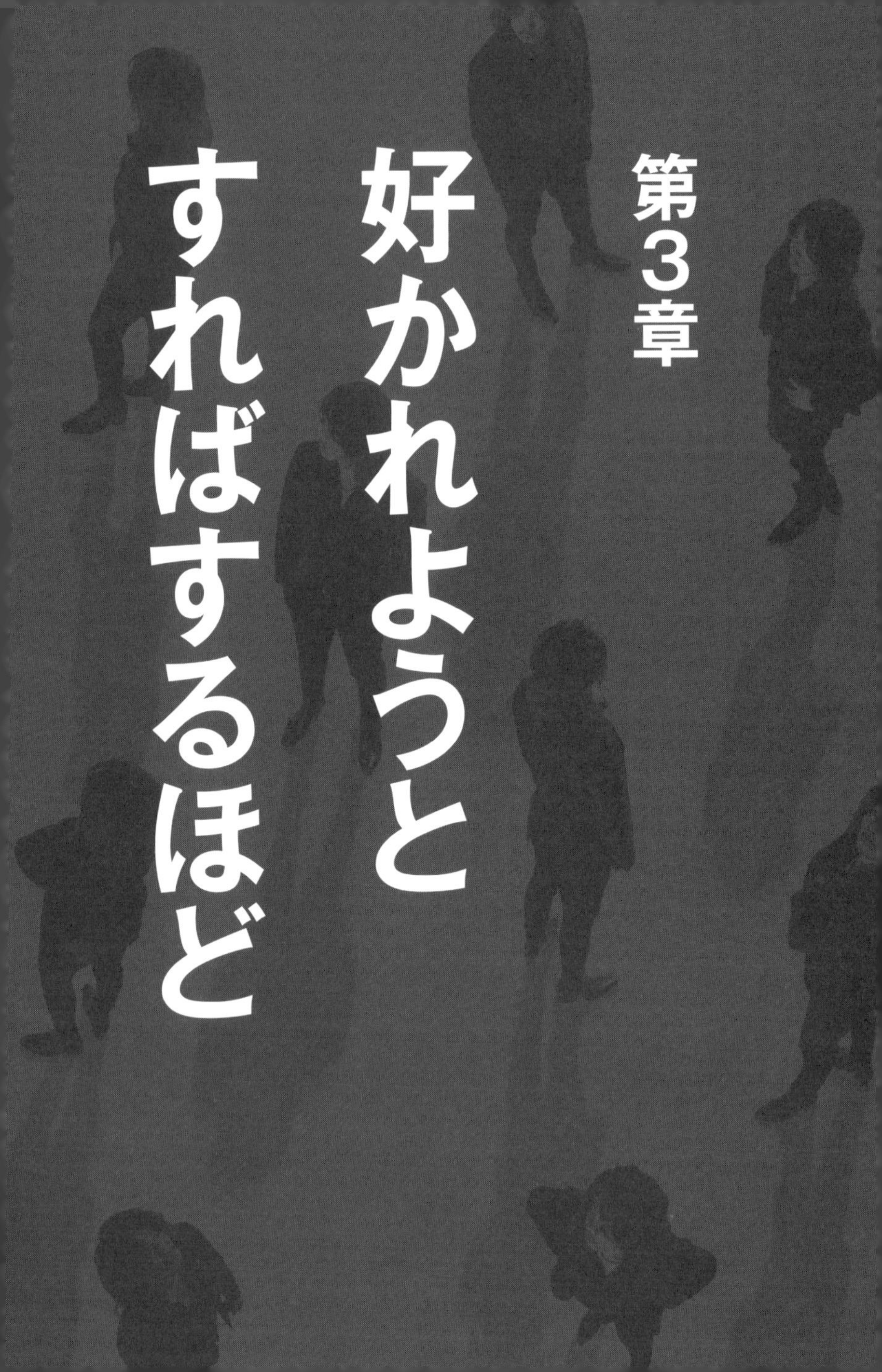

好かれないっていう不思議

「嫌われたくない」って どんだけ自信過剰なの？

人間関係で悩んでいる人がめちゃくちゃ多いんだけど、なんでそんなにこじらせちゃうのかしらね。

無理な関係は切ればいいだけよ。「やーめた、もうかかわらない」「かかわりたくない」って言えばいいだけ。

もちろん、どうにかしなくちゃいけないこともあるわよ。あるけどそれって実はほんの少し。人生の95パーセントは「無理！」で解決しちゃうことばかりよ。

仕事でどうしてもかかわらざるを得ない場合は、「嫌い」っていう感情に惑わされず、無になってひたすら仕事を全うすればいい。

それが、ここまでも何度か話してきたけど、仕事上での人間関係で悩まない前提。

人間関係で悩んでいる人の多くは、「周りから嫌われたくない」って思っているのも特徴。人から嫌われたくないと必要以上に思ってしまっている人は、本当にどうでもいいことで悩んでいるし、いろいろアドバイスをしても「でも」とか「だけど」とか言ってくる人が多いのよ。

嫌われないために何をするかって、まず誰にでもいい顔をしちゃう、八方美人ね。

これ、本人は疲れるでしょ？
あとは、嫌われてひとりになるのが怖いからお誘いは断らないとかね。自分の意思に関係なく、ふたつ返事で愛想よくお誘いを受け入れる。そして相手にすべて合わせてしまう人。そのお誘いの意味にかかわらず行って、無駄に時間やお金、労力を使ってヘトヘトになるのよ。

嫌われたくないってことは、人に好かれたい、人に認められたいという思いの裏返しなんだよね。承認欲求が強すぎる人もこの傾向があると思う。「意見を言って相手にいやな思いをさせたくないから、自分の思っていることは言わない」「私が我慢すれば丸くおさまって誰もいやな思いをしない」という悲劇のヒロインタイプも「嫌われたくない症候群」の代表的なタイプなんだと思うけど。

嫌われたくないのは、「私は好かれています」というのが前提にあるんだと思うの。それってめちゃくちゃ自信過剰じゃない？
だって、あなたを嫌うのも好きになるのも相手が決めることなのに、「これをしたら、あの人に嫌われる」「意見を合わせて同調しておけば嫌われない」って、「私は好かれる」前提で人付き合いをしていますってことでしょ？

「私は好かれる人間です！」って堂々と言っているのと同じよ？

嫌われないように生きている人は、自分の意思がないのよ。常に相手にどう思われるか、相手の顔色次第だから。

「あなたの意見を優先させていただきます」とまるで謙虚《けんきょ》なようでいながら、本当は「私は好かれる人間です」って傲慢《ごうまん》なの。

どれだけ図々しいのかしら！

その矛盾《むじゅん》を抱えながら生きるのって、とても生きづらいと思うわよ。

全員から好かれて当然だとでも？

相手が自分のことを好きか、嫌いかなんて自分ではどうにもできないこと、仕方がないことなの。相手の感情は自分ではコントロールできないんだから。

だから、私は**嫌い**って言われても**そうなんだ**としか思わないし、**好き**って言われても**そうなんだね**ってなる。

好きと言われても嫌いと言われても同じで、「あなたはそうなんですね」って。

もし、「嫌いです」と言われて、「いや、お願いだから好きになって」って懇願《こんがん》してみたところで、好きになってくれるわけないのよ。それどころか余計に嫌われるだけ。

この世の中ね、１００人中10人が「好き」って言ってくれたら万々歳よ。

１００人中20人はあなたのことが「嫌い」で、70人が「別にどうでもいい」と思ってる。だいたいそんな割合じゃない？

そんなもんなんですよ、人生は。

１００人中１００人全員に好かれようなんて、自意識過剰の塊でしょ。

だから、私の前に、私のことを**嫌い**って言う人が現れても、

わかるわかる！　笑い方が気持ち悪いし、顔がゴザみたいだよねー

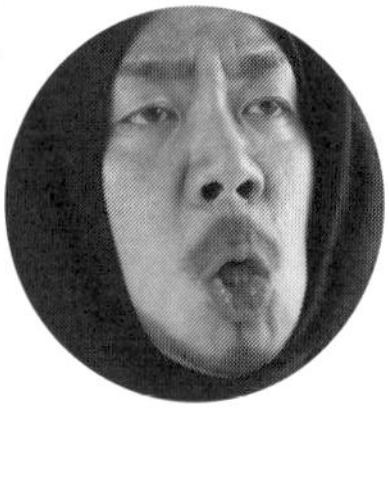

って言っちゃう（笑）。

今、私のXって130万人以上のフォロワーがいるんだけど、みんなが私のことを好きでフォローしているわけじゃないの。アンチもいるし、変なやつだと思っている人もいれば、怖いもの見たさで見ている人もいる。それでいいのよ。

「私、嫌われているかしら」「好かれるにはどうしたらいいかしら」なんて、相手の感情を勝手に推し測って、傷ついたり、悩んだりしなくて全然いい。無駄。

逆に、「ねえねえ、あなた、私のこと嫌い？　好きよね？　好きと言って！」と言ってくる人がいたら、恐怖でしょ？　怖すぎるでしょ。

あんたの価値観を
勝手に押しつけて
勝手に悩むなってことよ。

私は短所も含めて「自分が好き」と堂々と言っちゃう。

日本人て「私は私が好き」とか言うとぎょっとされるけど、私は堂々と言います。**自分のことが大好き**です。

でも、それって顔とかスタイルとか容姿じゃないし、もちろん嫌いなところもあるわよ。でも嫌いなところや非を認めたうえで、好きなわけ。

自分の短所と長所って背中合わせなんだよね。

「明るい」と思われている人は、別の角度で見たら「うるさい」人と思われていることもある。「おとなしい」人は「暗い」人、「仕事が丁寧」な人は「仕事が遅い」人とかね。

見る人によってとらえ方が違うだけのこと。だからどっちでもいいのよ、他人の評価に任せれば。

私は、幼少期に父親にＤＶを受けたり、売春させられたりした経験があるけど、それがなければ今の人生はなかったわけ。それに、この顔だったからこそ得られた人生もある。

自分の短所があるから自分を磨けるわけだし、そうしたら短所は無駄にはならないし、長所につながることもある。

そういう考え方をすると、自分のことトータルで好きだなって思うの。


そもそも、人間は自分より下の人間を見ると安心する生き物なんですよ。ずるいけど、人間なんてそんなもんなの。

私がYouTubeやXで変な動画とか出しているのを見て、「こういう人間にだけはなりたくない」って思う人もいるわけですよ。

私のような顔を見て、「私のほうがきれいだわ」って安心する人もいる。

そういう人たちにとって、比較対象になる私は必要じゃない？（笑）

そう思えばみんな必要で、必要じゃない人なんていないのよ。


世の中には「きれい」があって「汚い」がある。もし「汚い」がなくなったら「きれい」もなくなっちゃうんだよ。「汚い」のがいるから「きれい」が成り立つ。だから私の汚い顔も役に立っているわけよ。存在価値あるでしょ。きれいな人は私に本当に感謝して、ひれ伏して、土下座して。

私は自分の顔は嫌いだけど、それをひっくるめて自分は自分でしかないから、他人の評価は気にしないし、私がいるから私と対極な人も魅力的に見えるの。

これが自分で自分を好きになる、自分を認めるということ。

そうしたら自分のいやな部分も意味があるって思える。

自分で自分を認めるってちょっと難しいかもしれないけど、自分が納得いくように考えて生きていくことが大事って思ってる。「私はこうしたい」「この人とは一緒にいたくない」っていう自分の思いを殺さず、自分が納得のいくように行動すればいいの。

そうすれば、人から好かれようが、嫌われようが、所詮、自分の判断じゃなくて「他人の判断基準」にすぎないと納得がいくから、「好かれることがよくて、嫌われることがよくないこと」という価値観はなくなるのよ。

どこの誰かもわからない人の
言葉に影響される必要なんて
1ミリもございませんっ。

私のＳＮＳのコメント、せっかくみんなが書いてくれているんだけど見てないの〜。ごめんなさいね。見ていないから、誹《ひ》謗《ぼう》中傷されていても、叩かれていても、炎上していても気づかない。

私の友だちでＳＮＳのコメントを全部チェックしている人がいて、

「あーあ。仕事疲れた」ってつぶやいたら、

働きたくても働けない人もいます。
そういう人の気持ちを考えたことはありますか？

って言われたんだって。めんどくさっ。

「今日、めちゃくちゃ筋トレ頑張った」ってつぶやいたら、

何を目指しているんですか？
どうなりたいんですか？
何のためにしているんですか？

って。

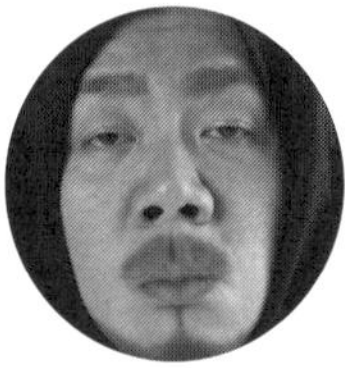

何も目指していないけど、お前みたいな人間にはならないように目指します

ってなる、私なら（笑）。

私の1冊目の本『頑張らなくても意外と死なないからざっくり生きてこ』（KADOKAWA）を出版した時も、きっとAmazonレビューにはいろいろ書かれていたんじゃないかな。読んでいないからわからないけど、「つまんなくて、鍋敷きにしちゃいました」なんて書かれていたら、「鍋敷きになってよかったね♡」って私なら思っちゃう（笑）。

SNSで人のコメント欄に自分の価値観を押しつけてくるような人って、人の庭に入ってきて、「この庭、気に入らない」って言っているやつと同じだよ。どう考えても非常識じゃん。というか不法侵入じゃん、それ。

わざわざ誹謗中傷されている
コメントをスクショしてきて、
「こんなこと書かれていましたよ」
って送ってくる人がいるんですけど、
求めてねえ、求めてねえ！

全部のボールを必死になって取りにいく必要なくない？

私、人生ってドッジボールみたいなものだと思うの。

こっちに向かってくるボールを瞬時に判断して、「これはいける！」と思ったらボールを取りにいくでしょ。

でも、「いやあー、これは無理ーっ！」と思ったら、当たらないように必死に逃げるよね。

人生もそんな感じでいいのかなと思うの。

絶対に無理な時ってあるじゃん。

いくら自己犠牲《ぎせい》の精神で相手に合わせにいこうとしたって、「いやいや、これ、当たったら死ぬ」って思ったら、よけるしかないよね。

外野はたくさんいるのに、内野は自分だけで、連続で攻撃を受けてボールがビュンビュン飛んできたら全部は受けられない。無理な時はかわしたりよけたりして、「いける！」ってチャンスがきたら取りにいけばいいのよ。

人生ってそんなもんじゃない？

運動神経や動体視力がいい人は、結構難しいボールでも取りにいけるし、よけたい時は右に左に上手にかわせるでしょ。

こういう人が人間関係でもストレスが少ないと思うのよ。自分に大切な関係だけをちゃんと見極められるからね。

でも、多くの人は、ボールを受けられなかったり、激しく当たったりするわけ。

ボールを受けるのが上手な子もいれば下手な子もいるし、よけるのも同じように上手な子と下手な子がいる。もし受けるのが下手でも、一度ボールに当たって外野に出たことで活躍できる人もいる。

世の中には、活躍できる場所の選択肢がたくさんあるわけですよ。無理に内野で粘り続けなくてもね。

逃げて逃げて逃げまくってなんとかチャンスを見いだす人もいれば、ボールを投げ返すのは上手な人もいる。当たりっぱなしの人だっているかもしれない。それはそれでその人のキャラみたいなもので、なんとかなっちゃったりするのよ。「あ、ごめんごめん、また当たっちゃった」みたいな感じで。そういう人はそういう人で必要なの。ちなみに私は当たりっぱなしの人でした（笑）。

こんな感じで自分の立ち位置を変えればいいんじゃないのかな。

自分にとってチャンスを得られる環境って絶対にあるから。

いつまでも「でも、私にはできない……」「人に嫌われるのが怖い……」って言っていないで、チャンスにかけてみればいいのよ。

意外と変わるわよ、あんたの人間関係も、人生も。

できないんだから
しょうがないのよ♪

捨てられなくて人間関係を面倒にしている代表格って「プライド」だと思うな。
私、全然ないのよ、プライドが。どこに落としてきちゃったのかしら。

どうしたらプライドを手放せますか？

ってよく聞かれるんだけど、

むしろ**なんで手放せないんですか？**ってなる（笑）。

持ってても邪魔だよ、だいたい。いいことひとつもないよ。

「私はできる人です！」って思っているから、そう見られなかった時の予防線を張っているようなものでしょ、プライドって。ずいぶん謎に自信があるのね、あんたって。

私はできないから、「できないからしょうがない♪」って思ってる。できないんだから、できないのよ。大きく見せようがないのよ、できないんだから。

嫌われないようにするほど
バカに好かれちゃうのよ。

「嫌われたくない」って思っている人って、逆に言うと「誰とでも仲良くできる」って思っちゃっている人だよね。なんなのかしら、その謎の自信は。

自信がないから嫌われないように誰とでも仲良くしたいんじゃなくて、「私は、誰とでも仲良くなれるの」という自信がある人だと、私は思うの。

自分が言いたいことを言わなければ、嫌われるようなことを言わなければ、みんなが自分のことを好きでいてくれると思っているわけでしょ？　すごい自信ね。

でもね、好かれようとしている人ほど嫌われますけどね。

人から嫌われるのがつらいから好かれるように努力しているって人、本当に好かれているんですかね？　そういうのってだいたい頭のいい人は見破っちゃって、結局頭の悪い人しか周りに残らないのよ。バカからしか好かれない人生っていやじゃない？

だから、好かれる努力をするのって無駄なんです。

お人よしな人ほど
収入が下がるらしいわよ。

全員に好かれたい、嫌われたくないから「いい人でいよう」って思っているのかもしれないけど、無理じゃん。無理なことをなぜしようとするの？　って思うの。いい人でいようというその姿勢が、なんだか鼻につくのよ。だから、私、そういう人には、

私、今のところあんたのこと嫌いだからその理論成り立っていないけど、
そのことについてはどう思う？

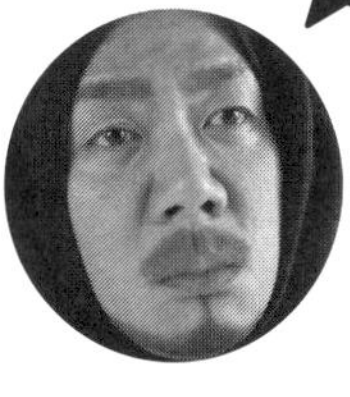

って言っちゃう。いやなやつ、私って（笑）。

ちなみに、「嫌われないようにする無難《ぶなん》なコミュニケーションは、相手の好感度を下げる」っていうカナダの大学の研究結果があるらしいわよ。

ついでに言うと、「お人よしの協調性がある人ほど収入が低くなる」っていう研究結果もあるんだって。

そういうのを聞いちゃうと、好かれようと努力するのがどれだけ無駄なのかがわかっちゃうよね。好感度は下がるし、収入も下がる。いいことひとつもなし。

だったら、言いたいことを言ってストレスなく過ごしていたほうが、よくない？

基本的に私、
人に興味ないのよ。
人のことは好きだけど。

90歳になるうちのばあちゃんが言っていたんだけど、**結婚しても、子どもができても、友だちが増えても、人間はどうせひとり**なんだって。

誰だってひとり。そんなの当たり前。

ひとりじゃないふりをするのが上手か下手かというのはあると思うけど、みんな孤独なのよ、って。

さすがうちのばあちゃんだよね。しっかり血を引き継いでいるわよ、私。だからひとりって好きだし、寂しいなんて思ったこともない。

ひとりでごはんも行くし、旅行もする。だからって友だちと一緒にごはんに行かないわけじゃないのよ。タイミングが合えば行くし、それはそれで楽しい。

どっちでもいいの。ひとりも好きだからひとりでもいいし、気の合う友だちに誘われたら、それはそれでいい。

そもそも人は好きだけど、興味はないのよ。

だからひとりでいることなんて全然苦にならない。

友だちがいないと思われることがいやなんです！

ひとりは寂しくていいや

と言う人がいるけど、でも所詮みんなひとりなのよ。

あんたが
幸せにならないのは、
あんたの価値観で
生きてないからよ。

人に嫌われたくない人は人に認められることで、その不安を解消しようとしてしまうクセがあると思うの。好きか嫌いかは相手が決めることと同じように、認めるか認めないかも他人が決めることなのに、それを基準に自分の価値を測ろうとしてしまうんだろうね。

自分でコントロールできるものではないから、ちょっとしたことで落ち込む、揺らぐ。これを続けていくのは相当しんどいよね。

そういう承認欲求の強い人は、誰かと比べて、

私もあの人みたいだったらもっと幸せなのに

って思っている人が多いんだと思うんだけど、そもそもさ、他人が幸せかどうかなんて本人にしかわからなくない？　幸せそうに見えてもそうじゃない人、いっぱいいるから。

めちゃくちゃお金持ちなのに、親や子どものことで悩んでいたり、仕事は充実しているけど休みがなかったり。誰にでもしんどいことがあるわけよ。

そこの想像力が低いと、常に誰かをうらやんで、あれを手に入れたら私も認められるのに！　って思っちゃったりしているような気がする。

自分より上と勝手に思っている人を基準に自分に優劣をつけて、他人軸で生きている呪縛《じゅばく》から解放される方法はひとつしかなくて、それって、自分で自分を認めること、好きになること。それができれば、「私はこう思います」と堂々と言えるんじゃないかなって思うんだが。

ある人にとってはお金持ちで素敵な家に住むことが幸せなことでも、あんたにとっての幸せは、住む家のよしあしではなく、「家族が健康でいることです」って言えればそれでいいじゃん。

たとえ他の人が自分とは考えや価値観が違っても、「あなたはそうなんですね」となる。それが他人軸だと、他人の意見を聞いて「あの人のほうが幸せだな」「あの人のほうがみんなから好かれているな」とか思って、急に自分が不幸に見えて勝手に落ち込むの。

自分で自分を認めるには、自分が納得のいく考え方、生き方をすること。ちなみにその自分の考えや価値観は、ネットでどれだけ検索をしても出てこないからね。自分で考えるしかないの。そうすると自分はこうありたいというところに行き着くから、それに向かって前へ進めばいいのよ。私はそうしてる。

それを自分の考え方ではなく、他人の価値観を軸にするからおかしなことになるのよ。

YouTubeやInstagramなどでいろいろなことを発信している人、いるよね。最初はきっとこんなことを発信したら面白いだろうなーと思って始めたと思うの。それがどんどん登録者数が増えて、面白いことを発信するより、登録者数を増やすことに一生懸命になってしまっている人もいる。面白いと思って発信した情報が、バズらなかったと落ち込んで、自分が楽しいかどうかより、バズることを優先して情報を発信するようになる。これって本末転倒《ほんまつてんとう》な話。どれだけ多くの人に見られたか、登録者数が増えたかって、そんなにすごいことかな。不特定多数の人より、私は目の前にいる自分が尊敬する人から認められたいけどね。

SNSのフォロワー数なんて
血液型みたいなもの。
そんなことで
人の価値は決まらない。

フォロワー数が増えないことがコンプレックスです

この前、ある女の子が
って言っていたの。

え、フォロワー数で自信がつくものなの？


私の場合、増えても減っても私は私だもん。だから何？　ってなるわけよ。

フォロワー数なんてね、血液型と一緒よ、そんなもん。「あんたA型なのね」っていう感覚と一緒。そんなので「すごい」とか「すごくない」とか言わないでしょ。

フォロワー数なんかで自分の価値は決まらないから大丈夫。

フォロワー数を、ある程度の指数として考えるのはいいと思うよ。「●人までいったら●●しよう」みたいな目標があれば頑張ればいいじゃん。

フォロワー数をいちいち気にしている人は、そんなことでしか人を判断できない人間になってしまいますよってこと。そんなことで人の価値は決まらないんで。

達成したら私は満たされると思っている人は一生満たされないまま一生を過ごすことになるので、**自分が今あるもので満たされるようにしたほうが人生はもっと豊かになる**と思います。

フォロワー数がたくさんいるかどうかだけで人を判断する人間になりたいですか。

私はなりたくありません、絶対に。

我慢が好きなら
してなさ〜い。

「私が我慢すればこの場は丸くおさまるわ」と思って、何も言わない人いるじゃん。

自分が我慢すれば、思っていることを言わなければ、「嫌われない。いや、好かれるわ」って。

私は、我慢したからって嫌われないわけではないし、好かれるわけでもないと思ってるけど、そもそも、**我慢を強《し》いられるような人間関係なんて必要あります？**

我慢を強いる人と一緒にいても楽しくないし、一緒にいる意味ないよね。

でも……その人たちから離れたら職場で浮くし

思ったことを言って嫌われたら、もう学校に行けない

え、浮いたら浮いたでいいじゃん。学校へ行けないなら行かなくていいじゃん。

あんたはどうしたいのかってことが大事。我慢してでも、その人たちと一緒にいたいのならそれでいいと思うわよ。

でも、その環境を変えたいのなら、どこかで折り合いをつける、何かを捨てる覚悟を持つ。

つまり、あんたはどうしたいの？　って話。

ちなみに私は、絶対我慢なんかしないわよ。するわけない。

私、基本、人を見下しているのかも（笑）。

マウントをとるっていうのとも違うんだけど……。

私って自分と合わないやつとか非常識なやつ、いじめてきたやつのことを心のどこかで見下しているの。

中学生の頃、私も人並みにいじめられた経験があって。

「なんか目立つから気に入らない」って言われたり、「お前の存在がいやだ」って言われたり。ひどい理由よね。

でもね、最終的にはそういうやつらとも仲良くなったんだけど。

「なんか目立つから気に入らない」って言ってきたやつは、他のクラスだったの。何が気に入らないの？　って感じでしょ。で、実際に話してみたら、「なんかお前いいやつじゃん」ってなって友だちになった。

まあ、みんながそんなふうにできるわけじゃないって思うんだけど、いじめられる子って自分が黙っていれば丸くおさまるって思っちゃう人が多いと思うの。もし先生にチクったら、さらにいじめが悪化するのも怖いって思うしね。

ここが私、他の人と少し考え方が違ったのかもしれない。
「お前の存在がいやだ」と言ってきたやつには、イスで殴られたり、教科書を燃やされたりしたんだけど。
よくよく考えてみると、**教科書を盗んで燃やして、冷ましてから机の中に入れる手間をかけているの笑えない？** 燃えてボロボロになった教科書を一回フーフー冷ましてから、教室に持って帰ってきて引き出しに入れる手間、すごくない？（笑）
本当にそういうやつって「もう、おバカちゃんなんだから♡」って思っていたし、その程度の人間だよねって見下していたんだよね、結局。だから、丸くおさめようなんて思わず、「よかった〜、そんな程度の人ってわかって。お疲れさま〜、さよなら〜」って感じ。

いやがらせをしたり、なんでも人に押しつけてくるような人に対して、「自分が黙っていれば」「自分さえ我慢すれば」なんて思わなくていい。
そういう人はその程度の人なんだから。自分だけ我慢するなんて損よ、損。「人として低俗だわ」って気持ちで軽蔑《けいべつ》して見下していればいいの。

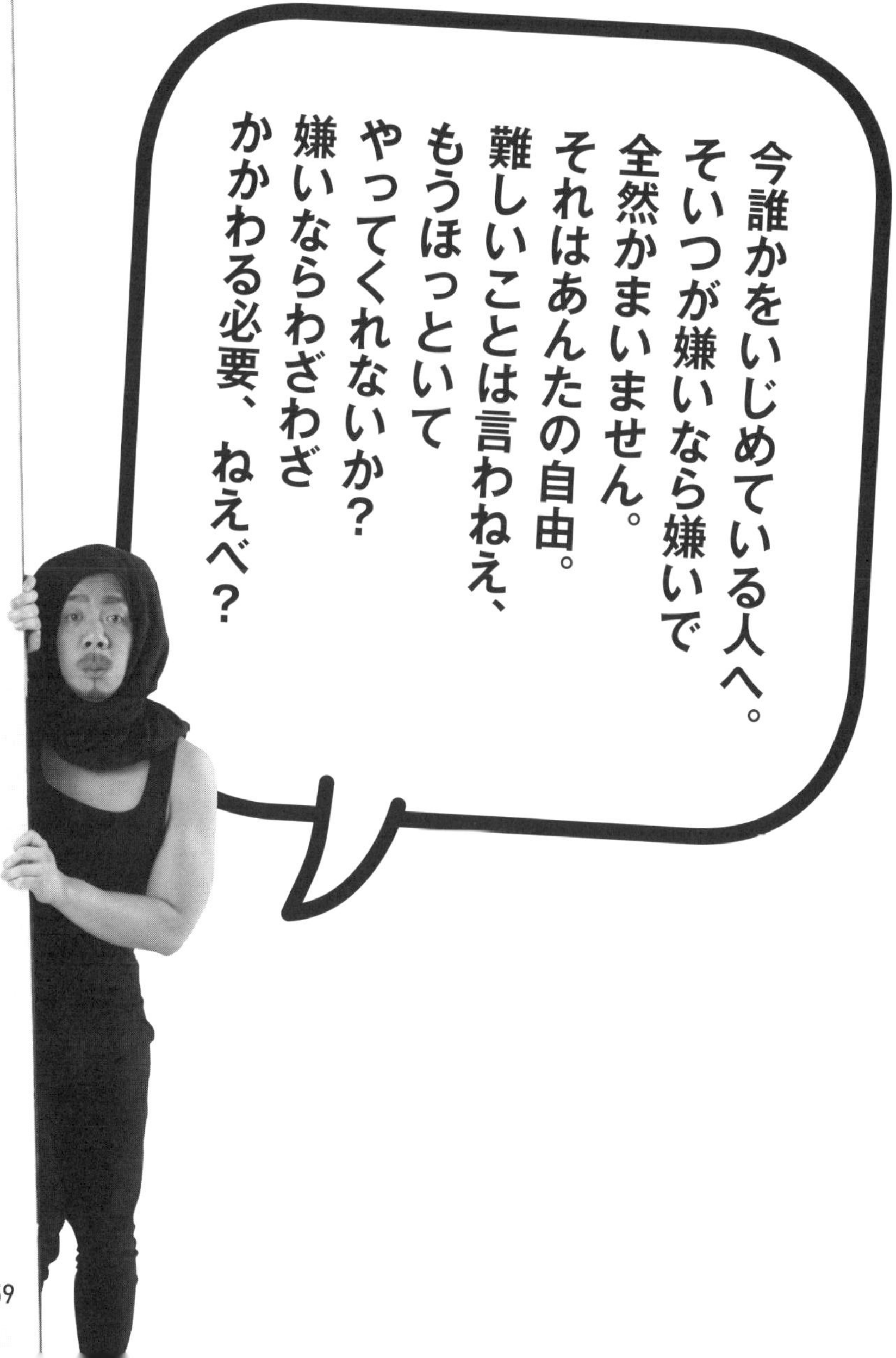
今誰かをいじめている人へ。
そいつが嫌いなら嫌いで
全然かまいません。
それはあんたの自由。
難しいことは言わねえ、
もうほっといて
やってくれないか？
嫌いならわざわざ
かかわる必要、ねえべ？

頼まれごとを
なんでも引き受けることは、
頼られているわけでも
好かれているわけでもないから、
そこんとこ
早く気づいてこ。

自分さえ頑張れば評価も上がるし、周りの人の負担も減る。だからって必要以上に抱え込んで、勝手にストレスになっている人がいるんですけど。

自分だけが頑張ればなんとかなる、会社での評価が上がるなんて思わないほうがいいですよ。むしろそれってただの思い上がり。頑張っている人には少し酷《こく》かもしれないけど、最終的には自分の身を滅《ほろ》ぼすだけのこと。

確かにね、多くの仕事を引き受ければある種のスキルは上がるんだと思う。でも仕事を押しつけてきた人は、あなたが引き受けてくれることがもはや当たり前になっているの。だからあなたへのありがたみはどんどん減っていくだけ。

そういうことを続けていると、たまたま1回断っただけで「なんで断るのかしら？　使えないわ！」と言われちゃうわけ。

仕事がキャパオーバーな時に、何かをお願いすることは悪いことじゃないよ。「本当にごめん、手が回らなくて」と言われたら手伝ってあげればいい。でもなんでもかんでも「これやっといて」と言ってくるやつなんて所詮人を駒《こま》としか思っていない生き物。だからそういうやつに押しつけられた仕事は、私の評価が上がるからとか、周りの人の負担が減るからとかそんな理由で、自分のキャパを超えてまでやる必要はありません。

実際には、評価が上がるどころか下がるだけ。「あの人に言えば面倒な仕事はやってくれる」って思われるだけのこと。人間なんてそんなもんですよ。そんなふうに、面倒なことだけ人に押しつけてくるようなやつに評価されても何もいいことないよ。

押しつけてきたやつは口では「ありがとう、助かった」って感謝するかもしれないけど、本心は「あいつにやらせておけば断らずにやってくれる」くらいにしか思っていない。そもそもね、人にそうやって負担を負わせるような人は、あんたのことを大切になんて思っていません。多少便利と思っているくらい。ただし、押しつけられたとはいえ、なんでもかんでも断れと言っているわけじゃなくて、キャパを超えてまでやる必要はないよってことね。

私なら**困ってない?**とか**何かやることある?**って言ってくれる人を大事にしたいし、自分も周りを見てそういうふうに言える人間でありたい。

仕事を押しつける人にもなりたくないし、自分の負担も顧みず、他の人の負担を考えて自己犠牲的に仕事をする人間にもなりたくない。できることは「これやるよ」「今ならこれもできるよ」って言ってあげられる人間でありたいけど、できないことは「無理無理、だって無理だもん。キャパオーバーだし」って言う。

一番困るのが、頼まれた内容がわかっていないのに、なんでも「わかりました！」って言う人ね。できないのに「できます！」が一番困るから、結果迷惑かけるなら今「無理」って言ってほしいわけ。

怒られるのが怖いって言うけど、今怒られるのと、後で倍怒られるのと、どっちがいい？　できないのに「できます」と言うのは、その場しのぎのウソなのよ。

私はその場しのぎのウソが一番嫌いです。

正直に生きな！

たくの

一答

Q6 新しい職場になじめません。

A6 なじまなくていいです。
仕事を覚えましょう。

Q7 友だちから避けられている
ような気がします。

A7 “気がする”だけですよね。

Q8 嫌われるのが怖いです。

A8 全員に好かれるのは無理です。

Q9 ハブられるのが怖いです。

A9 ハブるようなやつと
つるまないことです。

Q10 感じのいい人って思われるには
どうしたらいいですか？

A10 それは相手が決めることです。

Column
カマ一問

Q1 職場にいる苦手な人には
どう対応すればいいですか？

A1 苦手な人はどこにでもいます。
業務以外でかかわらない！

Q2 友だちが自分の悪口を言っている
のを聞いてしまってショックです。

A2 言わせておけ！
その程度のやつだから。

Q3 会話に上手に入れないんですが、
どうしたらいいですか？

A3 無理に入らなくて
いいです。

Q4 仲良くできる人がいません。

A4 無理に仲良くしなくていいです。

Q5 嫉妬《しっと》されてやっかみを言われています。

A5 勝手に言わせておけ。

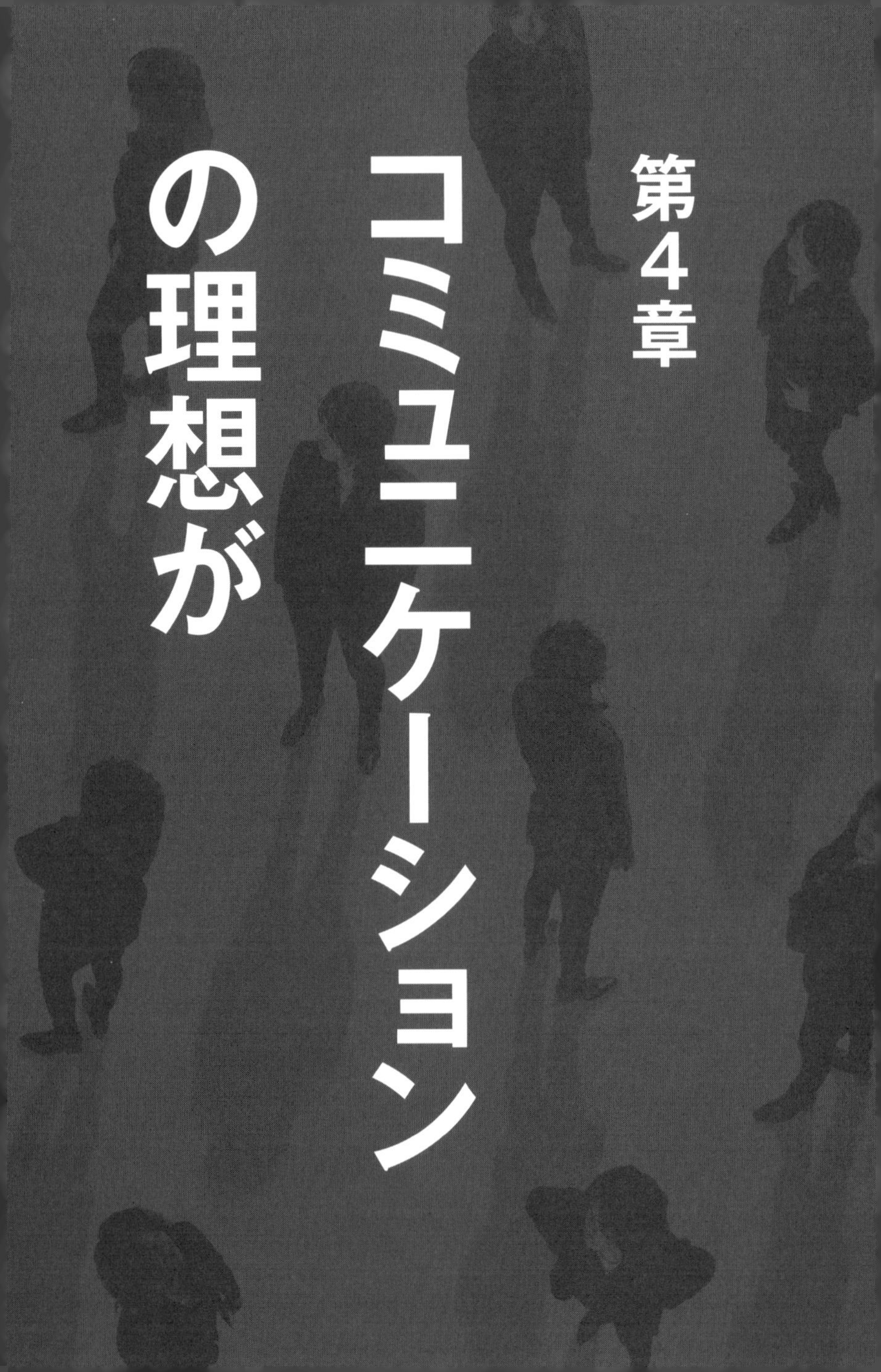

第4章

コミュニケーションの理想が

高すぎるんじゃない？

相手の反応なんて
考えるだけ無駄よ。

コミュ障なんですけど、どうしたら克服できますか?

ってお悩み相談がよくあるの。

まあ、ひと言で言ったら、「人と話すのが苦手」ってことなんでしょう。

別に苦手なら苦手でよくね?

って私は思っちゃうけどね、全然。苦手なんだからしょうがないよ。

人見知りしちゃうとか、雑談が苦手とか、会話が続かないとか、人によっていろいろなんだろうけど、まあ、もしそれをなんとかしたいと思っているなら、相手の反応を考えすぎないほうがよくない？　って私は思うけど。

「これを言ったら相手がどう思うかな」「変な人だって思われないかな」とか、考えても仕方がないことは考えない。

何度も言ってきたけど、あなたのことを評価するのは、あなたじゃなくて相手なんだから、どうにもしようがないことは考えない。

結果、そのほうがうまくいくと思うよ、私は。

会話は
聞き役もいないと
成り立たないんだから、
そういう人も必要。

いわゆる「コミュ障」っていうのは、人と話すのがモジモジしちゃって苦手みたいなタイプと、周りの話を聞かずに自分のことだけをひたすら話すから会話にならないタイプに分けられるんだって。

前者は、まあ、自信がないんだろうね。一緒にいる人が

自分といることで退屈していないかな

とか

本当は自分とは一緒にいたくないんじゃないかな……

とか、勝手に妄想しちゃっている人。

それはもう思考のクセなんだろうけど、そういう自信がない人の場合、会話をしている時もなかなか目が合わないの。私は、「目を見られるかどうか」は、相手を信用できるかどうかを測るものだと思っているので、最低限、人と話す時は目を見て話すことを意識するし、コミュ障でもそこは気をつけたほうがいいと思う。

ただ、もう会話が苦手なんだから、それ以外は無理する必要ないんじゃない？ **自己主張しないのもひとつの個性**だし、特徴だから。

全員が「私ね」「私ね」「私ね！」って話していたらうるさいだけじゃん。「うんうん、そっかそっか」って聞いてくれる人がいてこそ会話が成り立つんだから、それはそれでいいんじゃない？

人との距離感がわからない人とはこっちから距離をとるべし。

一方、自信過剰で、自己主張をしすぎる「コミュ障」っていうのもいて、どっちかっていうとこっちのほうが厄介な気がする。

無駄に声が大きかったり、「今じゃねえ！」ってタイミングで自己主張とか始まるから、気づいたら周りに誰もいなくなっているタイプ。

そういう人に限って、初対面の距離感とかおかしいの。

お店でね、常連の子が来てくれた時に、

「ブスのボトル、用意してー」

って言ったら、他のスタッフが、

「は～い、ブスのボトルねー」

って受けて、常連の子から**「ブスって誰やねん！」**ってツッコミが入るお約束のパターンがあるの。

これって常連さんと私とで「ブス」って言っても成り立つ関係性をそれまでに築いているからできることなんだけど、全然親しくない、はじめましての客がこのやりとりになぜかのっかってきて「はい、ブスのボトルでーす」って言うのよ。

お前にそれを言う権利なし！

その客が、**カマたくさん、全然私としゃべってくれな～い**と言ってたけど、**うん。失礼なやつは嫌いだから**って言っちゃった。

あと、**私、誰とでも仲良くできるんだよねー**って言えちゃう人のことを、私は信用しない。

お前はそう思っているかもしれないけど、私はお前と仲良くなれてないよって言ったことある。

そしたら、黙った（笑）。黙っちゃった。

他にも、「ゲイの人と仲がいい」アピールをしてくる人とか無理なの、私。

「私、ゲイの友だちがたくさんいるんです～」「すぐゲイの人とは仲良くなっちゃう」って言う女の人、結構いるんだけど、お金を払ってもらっているから、こっちもそれなりに接しているだけだからね。勘違いしないで。

そういうやつに
つける薬はないから、
殺虫剤撒いとこ！

話上手が
コミュニケーションの
正解じゃねーからな。

話をするのが苦手って人は、コミュニケーションの正解や理想があると思っていると思うの。でもね、気の利いたトークや場つなぎの話が上手なことは、決してコミュニケーション上手ということではないと思うんだよね。

話上手かどうかは、自分ではなく、相手が決めること。どんなに自分がうまく話せたと思っても相手がそう感じなければ話上手ではないし、反対に「うまく話せなかったな」と思っても相手にとって居心地がよければその人にとっては話上手ってことになるんじゃない?

そもそも場をつなぐような会話って必要なのかな? って思う。

相手に興味がないからわざわざ会話をつなげないだけで、興味があれば何か質問すればいいだけ。

聞きたきゃ聞けばいいし、聞くことなけりゃ黙っていればいい。

客商売の仕事をしていると、

トークが上手なんでしょ?

いつでも誰にでも通用して盛り上がる鉄板トークとかあるの?

って聞かれ

ることがあるんだけど、残念ながら私はそんなことを意識したこともなければ、そんなテクニックなんて持っていません。

でも、あえて言うなら愚痴や悪口は、何か言えば盛り上がる。

そこを聞き出すのは案外簡単で、

どこから来たの？

お仕事は何してるの？

仕事、楽しい？

この3問でだいたい場はつなげるし、たいていい愚痴になる。それ以上深掘りしなくても愚痴の流れになる。

まあ、私は全然内容聞いていないけどね（笑）。

会話の沈黙や間が持たないのは、
コミュニケーション下手なのではなく、
単に相手に興味が持てないだけよ。

間を埋める会話は相手のネタを引き出せばいいのよ。

何気ない会話が苦手っていう人もいるよね。

仕事とかだと、打ち合わせメンバーが全員集まるまでの「変な数分」とか。

全員でエレベーターに乗っている間の「変な数秒」とか。

気まずっ！　ってなる妙な時間が苦手な人、結構多いと思うんだけど、無理して話さなくてもよくない？　って私は思っちゃう。

でも、どうしてもその「間」が耐えられないんです！　って言うなら、ヒントになるかわからないけど、**私なら相手と対等に弾む会話のネタを探すより、相手から何かを聞き出す**ようにすると思う。

たとえば、仕事なら、「そのプロジェクト、大変そうですね」と言えば、「そうなんですよ」とか「もう●か月も前からやっているんですよ」といった、ちょっとした愚痴が出てくるはずだし、反対に「めちゃくちゃ面白いんですよ」となっても、「へー、そうなんですね。どこが面白いんですか？」って聞き返せば、数往復くらいは会話になる。

相手がザーザーッと話し出すきっかけをつくればそれでOKで、その後は聞き役に回ればいいんじゃない？　なんとかなるわよ。

だって、「言葉」って
伝えるために
あるんでしょ？

たまにね、

カマたくさんて、頭がよくて、わかりやすく伝えられてすごいです〜

みたいなことを言われるんですけど、あのー……、違うの、違うのよ。

私、頭悪いから難しい言葉を知らないんです。

だからだよ。小学生レベルで語彙《ごい》力止まっているから、だからなの。

でも、確かに世の偉い人たちは、難しい言葉を使うよね。「エビデンスが〜」「コンプライアンスが〜」「コアコンピタンスを〜」「ソーシャルメディアが〜」などと言われましても、私、教養がないもので、全然わからないんですよ。

結局こっちに伝わっていないわけだから、パッとわかる言葉で言ってもらってもいい？　じゃないと、私みたいなバカには全然伝わらない。

確かにね、そのわからない言葉を勉強しろよって声があるのもわかるんです。でも、勉強しないとわからない言葉で伝えられても、結果わからないまま話が進んで、わからないものを言われても、わかんないことがわかんない現象を生んで、あー、もうわかんない、わかんない♡……ってなるの。

だからわかりやすい言葉で伝えてほしいな、って思うの、私は。

空気を読み間違えたら、自分で回収しちゃえばいい。

私はもう全然空気なんて読む必要ないって思っている人間だから、

空気をどう読んだらいいか、わからないんです……

って言っている人の気持ちがまったくわからないんだけど、もし、自分のひと言で変な空気になっちゃったら、自分で回収すればいいと思うの。

自分の発言後に、シーーーーーーーーーーーーーーン！ ってその場が凍りついたら、

あ、空気読めてなかったね、ごめんごめん

って。

そこで、凍りついた状況を放置しておくと、余計に凍っていくだけ。

だから、取り繕《つくろ》ったりせずに素直に言っちゃう。「私の発言で場が凍っちゃったね、ごめんなさいねー」って。

それでなんとかなるわよ。

会社は学校じゃありませんのでね。

飲みながらの会話って、働いている人だと、

職場で新しい部署に配属になったんだけど、まだなじめなくって……　とか、

部署の人に嫌われているような気がする……　とか、

まあそういう人間関係の悩みが多いのかな。

でも、会社って、その部署になじむために行くの？　お話しするために行くの？　上司に好かれるために行くの？

いや、私だって「仕事いやだなー」って思うことはいっぱいあったし、わかるのよ。でも、

はい、朝になりました。朝が来たんでね、つべこべ言わずに行きますよ、仕事。
あー、行きたくないけど、仕事なんですから行ってきます！

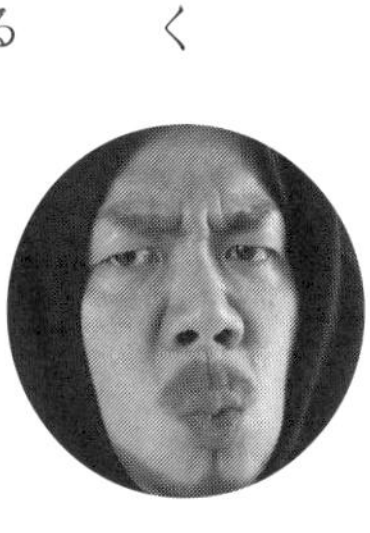

って気持ちを切り替えて行くのみ。

前にも書いたけど、仕事は働くところなんで、「あの人に嫌われちゃったらどうしよう……」とか「なじめないんだけどどうしよう……」とか考えるところではございません！

最低限のコミュニケーションは大事だけど、仕事が円滑にいくことを目的にする以外必要ないんだから、とっとと働きなさ〜い。

思ったことを言えないとかギャグ？

私、思ったことしか言えないから、思っていることが言えない人の気持ちがまったく理解できないんだけど、自分の思っていることを言えないってどんな状況？

仕事で、上司に

「こんなこともできないなら、何の仕事できるの？」って聞かれたんだけど、何も言えませんでした

って人がいたの。

えーー、もうそれってギャグじゃん（笑）。

私なら

なんならできるんでしょうね？
一緒に考えてもらってもいいですか？

って言っちゃう。

「みんな探して探して。私にできること、手分けして探して～」って言っちゃう。

言いたいことを言わなかったり、回りくどくしていると、どんどんモヤモヤするだけよ。

言わないと何も進まず、同じ場所で足踏みしているだけだから。

正直なほうが
伝わるよ、結局。

仕事場で、自分がバイトスタッフにやり方を教える側で、マニュアルを教えなきゃいけないとするじゃない？　それをストレートに教えようとすると、

いやでも、絶対こっちのほうが早いし、こっちのほうが効率がいいのに、なんでそのマニュアルどおりにやらなきゃいけないんすかー？　結果同じじゃないですか？

って言われたりするんですよ。

それをどうやって説得するか、がこっちの手腕《しゅわん》が試されるところだと思うんだけど。上から言われてやらせなきゃいけない時、こっちが腹を割らないと理解してくれないの。

私だって、バイトのみんなが言うように、絶対そっちが効率がいいことはわかってる。でも、会社にいる以上、ルールを守らせなきゃいけない、その方法でやらせなきゃいけないって時だってあるのよ。

私はそういう時、

いや、聞いてくれよ。上がよ、こうしなきゃうるせーわけ。
私もわかってんの。でも、やってもらわないと私も怒られちゃうわけ。
絶対、君が言っているほうが効率がいい！
君が言っていることのほうが正解！
正解なのになんでこのマニュアルでやらなきゃいけないの？
って私も思ってる。でも、やんなきゃなの。

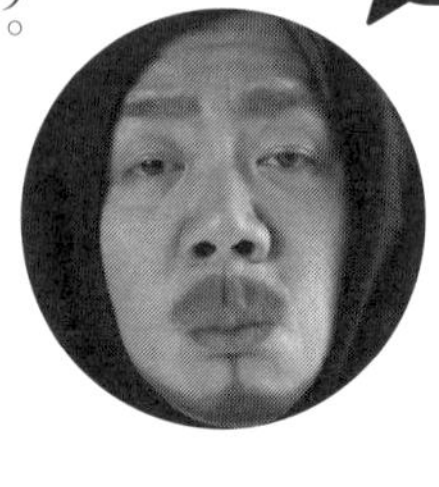

って言っちゃってた（笑）。でも、そう言ったらやってくれた。

そのぐらい正直なほうが、言葉って伝わるんですよ。
ストレートに「これをやって。ルールだから」って言ったって、やらないの。
でも、やらなきゃいけないんだから、お願いの仕方を変えるしかないわけ。
「やらせなきゃ」「やれ」「やるべきだ」と心の中では思っていていいの、全然。

でも、表向きは「やっていただかないといけない」し、お願いしなきゃいけないことなんだから、言い方は注意したほうがいいと思う。

反発を買ってはだめ。

これは部下を持つ上司だったり、人を動かす立場にいる人は肝《きも》に銘《めい》じたほうがいいと思いまーす。

当たり前のことだけど、
言葉は使い方次第で
相手を傷つけるよね。

言葉って使い方で全然伝わり方が違うんだけど、

「この仕事をしておいてね」

って言いたいだけなのに、伝えたいことは同じなのに、使い方次第で相手を傷つけることになるの。

「あ、ごめんね。時間のある時にこれをやっておいてもらえる？」

って、ちゃんと言葉を渡せば相手も受け取りやすいのに、

「あ、これやっといてー。よろしくー。あ、急ぎねー」

って少し強めに言葉を投げれば、相手もちょっと心の準備が必要になってしまう。

「これ、やっとけよ、このやろー」

なんて乱暴に投げつければ、相手が受け取れないこともあるし、ケガをすることだってあるかもしれないよね。

しかも言葉って叩きつけると、その反動で自分に跳ね返ってくるから、マジで言葉の使い方には気をつけたほうがいいと思うよー。ボールと一緒だよ。

徹底的に
やることやると
相手も黙るよ〜♡

私、すごく売り上げのいいお店にいたことがあったんだけど、別の店に異動になったの。それって会社の方針だから仕方ないじゃん。それで1年くらい離れている間に、元いた店の売り上げがどんどん下がってスタッフも辞めてしまって。そんな状況だから、元の店に戻ったわけ。それで多少は売り上げが戻ったんだけど、1年かけて下がった売り上げや、離れてしまったお客さんをすぐに戻すことができなくて。そしたら、当時の店長に**売り上げが低いのはお前のせいだからな**って言われたの。

はあ？**売り上げが下がった時の店長、お前じゃん**

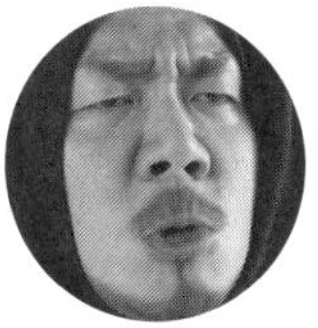

って言い返してやった。

で、私、黒字にして辞めた。やるべきことを全部やって、売り上げを徹底的に上げて、辞めた。

言うからには、徹底的にやって、ぐうの音《ね》も出ないくらい完璧にして、辞める。

立つカマたく、跡を濁さず、よ。

別れるも別れないも、
大切なのは
覚悟じゃないかしら。

お店に来る子の相談で比較的多いのが離婚の相談。「離婚したいんだけど、なかなか決意が固まらない」とか、「浮気するような相手とは別れたいんだけど、気持ちが追いつかない……」とかね。「すぐに自分で生計を立てられないから、悩むだけ悩んでいる」といった状況の子もいる。

私の答えは単純明快だから、「いやなら別れれば」となる。でもそうはいかないそれぞれの事情があるってわけよね。

うちの母親は、酒グセの悪い父親から暴力を受けることもあったの。もちろん私もね。前に話したけど、ゴミ箱に入れられたり、売春させられたりとか、最低の父親だった。ここまで聞くと、両親はもちろん離婚したんだろうなと想像しちゃうでしょ？　それが違うのよ。父親はお金を家計に入れるということだけはしていた。お給料すべてではないにしても。母親はそれをやりくりして、姉と私の大学や専門学校に行くお金を工面してくれていたの。しかも、そんなだめな父親にちゃんと毎月お小遣いをあげていた。その話を聞いて、なんてすごい母親なんだと思ったわ。

母親個人の気持ちとしては離婚をしたかったのかもしれない。でもそうすると私たち姉弟を養《やしな》えないから、私たちが20歳になったら離婚しようと決めていたみたいなんだよね。

子どもたちも進学させて父親にもお小遣いをあげて、父親に何も文句を言わせない状況を何十年もかけてコツコツつくっていた。

母親の中には私たち姉弟は何不自由なく育ってほしい、そんな思いがあったんだと思う。だから覚悟して結婚生活を続けて、私が20歳になった頃、「もう私の役目は終わったわ」と言って離婚するのかと思いきや、父親にがんが見つかって……。そしたら、母が「最期まで面倒を見る」って言うのよ。闘病後、父は多くの借金を残して亡くなったんだけど、その借金を母が全額返したの。もう母の覚悟には脱帽よ。

離婚するにしても、しないにしても自分がどうしていくか、しっかり覚悟を持つことをしないとね。

毎日「どうしよう、どうしよう」って悩んでいるのって、本当に人生と時間の無駄遣いよ。

何もかも得ようと
するのは不可能よ。
何も捨てず、諦めずに
解決するのを待つより、
覚悟を決めること。

相手のせいではなく、
見る目がなかった
自分の責任。

恋人や結婚相手の愚痴や文句を言う人ってすごくたくさんいるんだけど、聞いていると「確かに確かに、それはひどい夫よねー」とか、「そんな男とは別れちゃいなさい！」って言いたくなることもままあるわけ。

でも、正直言うと、**そういうやつを選んだお前が一番悪いからね**、とも思う。

そういう男を選んだけど、「そういう苦労も背負って一緒に生きていく覚悟です！」と言える人はいいのよ。

でも、延々と旦那の悪口しか言わない人、だからって別れる選択もしない人、ずっと自分の不幸を相手のせいにしている人は、反省したほうがいいと思う。

自分に人を見る目がなかったことと、そういう選択をしたのは自分なんだ、ということ。

まあ、そういう私も、全然男を見る目がないのよ。だから、浮気されたり、お金を盗まれたり、散々（笑）。

でも、「まあ、そっか。私って男を見る目ないもんねー」って言っちゃうから、私。だから、相手に恨みはないのよ。

景色は意識によって
まったく違って見えるの。

私が今、いろんな人に声をかけてもらっていろんなお仕事ができたり、これまでにやったことのないことができたりしているわけだけど、まあ、いつかは終わるわけですよ、それも。

そんなことはもう最初からわかっているので、「今」しかできないこと、**「今」見ている景色をすごく大事にしよう**と思って生きてるのね、私は。

今は生放送に呼んでもらったり、講演会に呼んでもらったりして、貴重な経験をさせてもらっているんだけど、私みたいなやつはいつか消えるわけよ。

でも、「消える」からって、私の生きる道がなくなるわけじゃないし、今これを経験したことによって、その次に観た景色がまた違った観点で見られる自分になるわけじゃん？

景色は意識によってまったく違って見えると思うのね。

悲しい気持ちで夜景を見たら、なんか物悲しい気持ちになったり、切ない気持ちになったりするけど、すごいハッピーな時に見たら、「きゃー♡　きれー！」ってなるわけじゃん。

それってみんなもそうで、今見ている景色が一生じゃないし、景色は一生同じかもしれないけど、一生同じように見えるとも限らない。

人間関係も同じで、今はいやなやつに見えても、ずっと同じとは限らない。反対も然《しか》り。

そう考えると、生きるのってすごい楽しいと思うよ。
だから、私すごい楽しいのよ。

ハッピー！

おわりに

最後まで読んじゃうとか、ほんとヒマ人ね。

この本には「私はこうでした」「私はこう思っています」という「私ごと」を書いただけで、誰にも当てはまるわけじゃないし、そのとおりにするのが正解じゃないのよ。

育った環境も、考え方もみんな違うし、同じ人生になるわけないの。

だから、私は最後にみんなにひとつだけ聞いておく。

で、あんたはどうしたいの？

そのシンプルな問いの答えが、あなたの求めている答えだと思う。「私はこうしたい」という、自分だけの答えを見つけて、適当に、楽しく生きていきましょ♪

2024年1月　カマたく

カマたく

ゲイを公言し、新宿・歌舞伎町のBAR「CRAZE」で働く。歌舞伎町イチ、クセが強いゲイバー店員。SNSで発信するキレのいい動画が大好評。著書に『頑張らなくても意外と死なないからざっくり生きてこ』『お前のために生きてないから大丈夫です』（ともにKADOKAWA）がある。

X「カマたく @CRAZE」：@takuya_hyon
Instagram：kamataku_hyon
YouTube「3人勘女 @ カマたく」：@3kan

お前《まえ》は私《わたし》じゃないし、私《わたし》はお前《まえ》じゃない
悩《なや》みが0《ゼロ》になる人間関係術《にんげんかんけいじゅつ》

2024年2月25日　第1刷発行
2024年12月15日　第3刷発行

著　者　カマたく

発行者　佐藤 靖
発行所　大和《だいわ》書房
東京都文京区関口1-33-4
電話03(3203)4511

アートディレクション　宮崎謙司（lil.inc）
デザイン　井上正志　和田浩太郎　長谷川弘仁　天野結梨香（lil.inc）
写真　中田浩資（Lingua franca）
編集協力　峯澤美絵
編集　滝澤和恵（大和書房）

本文印刷　厚徳社
カバー印刷　歩プロセス
製本　ナショナル製本

ISBN978-4-479-39421-1
乱丁本・落丁本はお取り替えいたします
https://www.daiwashobo.co.jp